解码

中国经济

12位经济学家的思享课

《中国经济周刊》◎编

黄奇帆 刘世锦 蔡昉 高培勇 等◎著

人民出版社

责任编辑：洪　琼

图书在版编目（CIP）数据

解码中国经济：12位经济学家的思享课 /《中国经济周刊》编；黄奇帆等著. -- 北京：人民出版社，2025. 4. -- ISBN 978 - 7 - 01 - 027280 - 1

I. F123.2

中国国家版本馆 CIP 数据核字第 20255PK161 号

解码中国经济
JIEMA ZHONGGUO JINGJI
——12 位经济学家的思享课

《中国经济周刊》 编

黄奇帆　刘世锦　蔡昉　高培勇　等著

人民出版社 出版发行
（100706　北京市东城区隆福寺街 99 号）

北京中科印刷有限公司印刷　新华书店经销

2025 年 4 月第 1 版　2025 年 4 月北京第 1 次印刷
开本：710 毫米 ×1000 毫米 1/16　印张：14.25
字数：230 千字

ISBN 978 - 7 - 01 - 027280 - 1　定价：69.80 元

邮购地址 100706　北京市东城区隆福寺街 99 号
人民东方图书销售中心　电话（010）65250042　65289539

目　录

CONTENTS

在推动中国式现代化的进程中，特别是在 2035 年基本实现现代化、按人均 GDP 衡量达到中等发达国家水平的这个阶段，我国经济仍将保持长期向好的基本面、强大的韧性和活力，以及充足的增长潜力，实现质的有效提升和量的合理增长的统一。

增加地方财政自主性系契合分税制改革方向的标志性改革举措。如何将中央经济工作会议所确定的增加地方自主财力任务与分税制财政管理体制的健全和完善联系起来，是实施更加积极财政政策的一个关键点和要害处。

中国经济的基本判断。2025 年是转折年、逆转年。2025 年以前，我国宏观经济增长速度持续多年下行，这个趋势在 2025 年有望逆转。

（北京大学国家发展研究院院长，中国人民银行货币政策委员会委员）

对于中国而言，我们需要关注的不仅是短期内"今年、明年怎么样"，还要关注"未来 10 年、几十年"的发展问题。我们不仅需要短期内宏观政策的刺激作用，更需要关系未来长远发展的结构性改革政策。

（全国政协委员，中国财政科学研究院原党委书记、院长）

中国经济基础好、优势多、韧性强、潜力大，这是大家的共识。要看到成绩，也要正视问题；要看到诸多的有利条件，也要看到不利条件还不少；要增强我们的信心和战胜困难的勇气，就要清醒认识当前经济发生的深刻变化以及由此带来的不同以往的困难和挑战。

目　录

5

我国对外开放的新特征与新任务

黄奇帆

1990—1994 年间，曾任上海市浦东开发办副主任、浦东新区管委会副主任；1994—2001 年间，曾任上海市委副秘书长、市委研究室主任、市政府副秘书长、市经委主任；2001 年调往重庆，历任重庆市常务副市长、市长。

当下中国经济进入了一个以国内大循环为主体、国内国际双循环相互促进的新发展格局。在新发展格局下，我国正在更大范围、更宽领域、更深层次地跟世界合作，向世界开放呈现出了新特征。在党的十八大以后，我国的对外开放取得了重大新成果。在新发展格局下，党的二十大部署了中国对外开放的五大新任务。

一、构建新发展格局是中国经济高质量发展和实现强国战略的必然要求

中央提出构建以国内大循环为主体、国内国际双循环相互促进的新发展格局，这对于我国来说是重要发展战略。

什么叫作以国内大循环为主体？

一般来说，一个国家的经济循环，如果进出口贸易（货物贸易＋服务贸易）占 GDP 的比重在 60% 以上是以外循环为主体，进出口贸易占 GDP 的比重在 40% 以内则是以内循环为主体。

我国从 1950 年到 2050 年这 100 年的时间里，大体可以分为三个阶段三种类型。

第一个阶段，是 1950 年到 1980 年，我国经济是一个相对封闭的内循环。当时之所以封闭，不是我们不想开放。由于很多国

家都对中国进行经济、社会、科技、贸易等全方位的封锁，想开放开放不了，每年进出口贸易占 GDP 不到 10%，所以那个时候是以相对封闭的内循环为主。

第二个阶段，是改革开放以来一直到党的十八大之前，是一个以外循环为主牵引内循环的阶段。这个阶段的经济运行特点是以两头在外、大进大出的外循环为主，通过"三来一补"[1] 的加工贸易，经过近 30 年的改革开放，2006 年中国进出口贸易占 GDP 的比重达到 71%。

第三个阶段，党的十八大以来，中央审时度势、顺势而为，提出了经济发展新常态，并着力推进供给侧结构性改革[2]，持续扩展经济的内生动力，我国进出口贸易占 GDP 的比重进一步逐年下降，2016 年降到了 38%，形成了以国内大循环为主体、国内国际双循环相互促进的新发展格局。

为什么现在要构建新发展格局？这里面有一个经济发展的逻辑。2013 年，中国的货物贸易达到世界第一，占全球贸易量的30%，非常大的基数，如果每年还以百分之十几的量增长，增量这块比许多国家全部贸易总量还多，很容易引发国际贸易摩擦。

此外，2010 年中国劳动力进入拐点，同时我们土地成本、各种要素成本和生态环保要求成本提高，再靠消耗大量资源，搞两头在外、大进大出的加工贸易已比较吃亏、不合时宜。

再有是最重要的，全世界近 80 年的经济发展有个逻辑，发展中的大国总是以进出口贸易的外循环为主，拉动自己的经济发展，世界经济强国一定是以内循环为主。比如美国，从 1950 年到现在的 70 多年里，任何一年进出口贸易占 GDP 的比重从来都在 30% 左右。2022 年，欧盟进出口贸易占 GDP 的比重就是

35%。日本经济分两段，在 1945 年到 1975 年产业重新振兴的过程中，作为一个发展中国家，拼命依靠国际市场来拉动自己，这一阶段货物贸易占 68% 左右，服务贸易[3] 占 7% 左右，进出口贸易占 GDP 的比重达到 75%，以外循环为主。1975 年以后，日本进入世界经济强国行列，到现在 50 年时间，这一阶段每年的进出口贸易占 GDP 的比重一直保持在 35% 左右。

以国内大循环为主体是大国成为强国过程中的必然选择。

现在试想一下，如果我们 2016 年还是 70% 以上的进出口贸易比重，2017 年美国政府打贸易战、加关税，后来搞封锁、脱钩，再遇上新冠疫情，在这个过程中如果进出口贸易比重从 70% 降到现在的 38% 多，国民经济就会很被动。但是我们在 2016 年已经自主降到了 38%，并且 2017 年到 2023 年连续 7 年我国进出口贸易占 GDP 的比重始终保持在 38% 左右，保持了坚定的韧性和抗冲击能力，以国内大循环为主体、国内国际双循环相互促进的新发展格局稳如磐石。

2006 年到 2010 年是被动调节，受世界金融危机影响，美国、欧洲购买力下降，我国出口受到较大冲击，到 2010 年我国进出口贸易占 GDP 的比重降到了 55%；2011 年到 2016 年是主动调整，2016 年降到了 38%，10 年时间从 71 个百分点降至 38 个，新发展格局悄然形成。但是，保持进出口贸易总额占 GDP 的比重在 40% 以内，只是新发展格局的框架比例，要真正实现以国内大循环为主体、国内国际双循环相互促进的内涵，还要有五条：一是提高全要素生产率，形成自立自强科技创新能力；二是建设全国统一大市场，发挥中国大市场的规模优势；三是要通过扩链强链补链，形成一头在内、一头在外，上中下游产业链垂直整合一体化的制造业体系；四是要提高最终消费占 GDP 的比重，居民收入在国民收入分配中的比重也要显著提高；五是建设更高水平开放型经济新体制。这些内涵，将在中国正在推进的"十四五"规划和 2035 年远景目标纲要中得以实现。

二、新发展格局下，中国对外开放出现五个新特征

在新发展格局下，以国内大循环为主体，实际上并不妨碍开放。中央提出来的战略，是在新发展格局下实施更大范围、更宽领域、更深层次的高水平对外开放。中国这 10 多年的开放和过去 40 多年的开放既一脉相承，又呈现出新发展格局下的五个新特征。

一是在投资政策上，从过去几十年的引进外资为主，转变为既鼓励"引进来"，也鼓励国内企业"走出去"投资。据统计，1979—2012 年这 34 年里，中国境外投资一共约 5000 亿美元；而仅在 2017—2021 年这 5 年时间内，中国对外直接投资就达到了约 7700 亿美元。"引进来""走出去"双向投资的特征已经很明晰地显现出来了。

二是在贸易政策上，从过去几十年的扩大出口为主，转变为鼓励出口和增加进口并重。当今世界，出口大国未必是经济强国，因为出口的货物可能是大量的劳动密集型产品、来料初加工产品。而进口大国一般都是经济强国，进口所需的外汇可能来自技术和服务等贸易顺差，货币纳入特别提款权 (SDR) 成为世界货币，也可与各国直接结算。另外，我国关税总水平已降至 7.3%，今后还可能会进一步下降。这样一是可以直接降低消费

者进口成本，有利于产业转型升级，增加群众消费福利；二是有利于增加进口，促进实现进出口平衡，为实现国际收支平衡创造条件；三是有利于在经贸谈判中占据主动，进口规模大了，我国在世界经济舞台的话语权自然也大了。中国在2021年超越美国，成为全世界最大的奢侈品消费市场。这都跟我们市场规模大、降关税和增加进口有关。

三是在区域开放政策上，从过去几十年的沿海地区开放为先为主，转变为沿海沿边内陆协同开放、整体开放。2010年以前，我国各类国家级的开放措施都是从沿海开始的：20世纪80年代初期推出的14个开放城市、27个经济技术开发区都在沿海；20世纪80年代中后期推出的五大特区都在沿海；20世纪90年代推出的新区开发——浦东新区、天津滨海新区，也都在沿海。党的十八大以后，新的开放措施都是东西南北中一体化开放。在内陆批准了12个新区，沿海增加了5个，再加上原来的上海和天津，现在全国一共19个新区。又如，保税区也从沿海推广到了中西部地区。本质上，开放是一种理念、一种制度、一种办事的方式，和区位无关。德国在西欧的中部，谁能说德国社会开放度比西班牙开放度低？中国过去的开放是以沿海为主，现在转向沿海沿边内陆协同开放、整体开放。

四是在产业政策上，从关税与贸易总协定（GATT）和世界贸易组织（WTO）框架下的货物贸易为主，转变为货物贸易和服务贸易共同发展。以往，中国引入的外资主要集中在工业、百货、建筑业和房地产等产品看得见摸得着的有形领域，对金融业、服务贸易等无形领域，如外资银行、保险公司、基金和证券公司，以及教育、医疗、服务业和文化艺术等约束还有很多。党的十八大以来，党中央、国务院要求对服务业、金融业和工商产业的外资企业实行准入前国民待遇、负面清单管理、竞争中性等，实现全方位、宽领域、多渠道开放。现在中国开放度越来越高，开放策略已经转变为宽领域、多渠道、全方位的一种新模式。

五是在全球外贸秩序治理方面，从融入和适应全球经济治理体系为主，转变为积极参与甚至引领国际投资和贸易规则的制定修订。中国已经是世界第二大经济体、第一大国际贸易国，不管是投资领域还是贸易领域，中国都有重要的影响力和发言权。从这个角度来看，中国要积极地参与对国际贸易规则的修改，一起参与谈判确立国际贸易规则中新的制度，所以中国不仅是适应现行的国际贸易规则，而且开始介入国际贸易规则的制定和修订，这是一个很重要的变化。具体表现在两个方面。第一，中国现在是 WTO 的全面支持者，也是 WTO 改革的重要推进者。第二，在双边或者地区间自由贸易协定（FTA）新的贸易规则讨论谈判当中，中国既是双边贸易谈判的推动者和积极参与者，同时也为了中国人的利益和国际贸易规则的公平合理，参与各个贸易规则的讨论、谈判。《区域全面经济伙伴关系协定》(RCEP) 已于 2022 年正式生效，标志着目前世界上覆盖人口最多、经贸规模最大、最具发展潜力的自由贸易区正式启动，而中国正是 RCEP 谈判的坚定支持者，在 RCEP 推进中起到了支柱性作用。已有 150 多个国家和 30 多个国际组织加入共建"一带一路"大家庭，这其中经济规则的导向制定，中国起重要作用。

三、新发展格局下，中国对外经济取得三个趋势性、结构性新成就

新发展格局下，中国对外经济在出口产品结构、加工制造方式、引进外资总量三个方面实现了良好的趋势性、结构性、基础性变化。

一是出口产品的结构发生了根本性变化。中国的进出口贸易在商品结构上发生了根本性、基础性、基本面意义的变化。具体来说，从 20 世纪 80 年代、90 年代一直到 21 世纪初，中国工业出口产品始终保持着一个特点，即 70% 是劳动密集型产品，如轻工、纺织、服装、箱包、鞋帽、玩具等，剩下 30% 是机电产品。然而，到了 2023 年，中国的出口总量达到了惊人的 3.3 万亿美元，与 2010 年的 1.6 万亿美元相比，翻了一番左右。在这些出口商品中，机电产品和电子信息等技术密集、资本密集型产品占比高达 90%。与之相反，轻工纺织等劳动密集型产品只占 10%。这一增长的背后，是中国制造业在规模效应作用下大幅度降低的综合成本，使得资本密集、技术密集和装备密集型产品的出口具备了巨大的国际竞争力。

曾经，"中国制造"被贴上了廉价的标签，过去我们常说"10亿件衬衫换一架波音飞机"，让人扼腕。如今，中国高铁、手机、电脑、清洁能源装备、新能源汽车、港机、矿山机械等产品异军突起、享誉世界，在国际产业格局中占有举足轻重的地位。如今可以换一个说法，我们用几台大型港口起重机就可换取数亿美元，用以购买大量石油、天然气、铁矿石等资源，或猪肉、牛肉

等大量农产品。可以说，如今的出口结构与过去相比，实现了180度转变，对中国而言无疑是一项利好。

二是进出口贸易的生产方式发生了根本性变化。加工贸易曾是中国外贸的"半壁江山"，占进出口的比重最高达50%。加工贸易"两头在外""借鸡生蛋"最突出特征就是，原材料、零部件从国外进口，通过国内浅层次的加工、组合形成产品再销售到国际市场。这种生产方式附加值低，企业的利润也不高。

当下中国进出口贸易中，加工贸易的比重已经大幅度下降，2022年我国加工贸易占进出口总值的20.1%，一般贸易的比重达到63.7%，其余的16.2%为农产品、原材料等初级产品。加工贸易、一般贸易比重的变化，很好地诠释了中国制造业生产方式的升级转换。中国加工贸易从过去的两头在外、大进大出，已转变为一头在内、一头在外，实现了原材料、零部件70%—80%在中国本土生产，形成了中国自主可控的上中下游的全产业链集群，生产的产品既满足国内市场需求，也销售到世界各地。生产方式的根本性变化，极大地提升了中国制造的附加值，推动了中国制造的结构优化，催生了中国产业新技术、新制造、新业态的加速"自主孵化"，以新质生产力驱动中国经济高质量发展。

三是引进外资规模逐年增长。过去40多年，中国引进外资（FDI）连创新高，从20世纪80年代平均每年20亿美元，到90年代平均每年300亿美元，再到2000—2010年平均每年600多亿美元，再到2011—2020年平均每年1200多亿美元，再到过去几年平均每年1600亿美元，中国持续多年成为引进外资的第二大国。可以预见，未来中国仍将是外资最为青睐的目的地之一。

许多人认为2020年至2022年新冠疫情期间，外资必然下滑，因为疫情限制了出国考察和合资谈判的次数。然而令人惊讶的是，在这三年期间，中国每年平均引进外资的量达到了 1700 亿美元。2022 年更是成为中国改革开放 40 多年来引进外资最多的一年，实际使用外资金额达到 1891 亿美元。德国总理朔尔茨、法国总统马克龙分别于 2022 年、2023 年带着企业家代表团访华。因为俄乌冲突导致欧洲能源短缺、成本提高，欧洲的一些制造业企业就加大了对中国的投资，与 2021 年相比，2022 年欧洲对华投资大幅增长 70%，达到了 121 亿美元。

事实表明，尽管这几年全球产业链、供应链因贸易战和新冠疫情受到冲击，但外资对中国投资不降反增。原因很明显，中国超大规模市场优势和更深层次开放政策带来的稳定的环境，吸引了全球跨国公司来中国投资。面对近年来国际相对动荡的困境，跨国公司不得不考虑长远发展，并寻找资源更稳定、市场更大的新投资地，中国恰好成为他们的理想选择。不管是从投资环境、营商环境讲，还是从资本的角度讲，中国依然是全球最佳的投资"热土"。

四、我国下一阶段开放的五大新任务

党的二十大再次强调推进高水平对外开放，提出要依托我国超大规模市场优势，以国内大循环吸引全球资源要素，增强国内国际两个市场两种资源联动效应，提升贸易投资合作质量和水平。为此，部署了五个方面的任务。

一是以推动制度型开放为重点，贯通内外循环。经过几十年的改革开放，中国已由过去在沿海地区通过设置保税区和出口加工区从事加工贸易、参与国际经济大循环的要素流量型开放，转向以国内大循环为主，稳步扩大规制、规则、管理、标准等制度型开放的新阶段。要通过高水平对外开放让中国的超大规模单一市场成为全球要素资源的强大引力场，这就需要打造市场化、法治化、国际化一流营商环境，让内循环与外循环有效贯通起来。

具体而言，一方面，就是要对标国际先进水平，加快调整完善国内相关规则、规制、管理、标准等，促进内外贸标准衔接、检验认证衔接、监管衔接，推进内外贸产品同线同标同质。要聚焦企业需求和市场反馈及时优化政策，切实打通阻碍内外贸一体化的关键堵点，助力企业在国内国际两个市场顺畅切换。要优化内外贸一体化发展环境，落实好相关财政金融支持政策，共同促进内外贸高质量发展。支持市场主体内外贸一体化经营，促进内外贸产业链供应链融合发展；引导加工贸易企业向研发设计、关键零部件生产、维修与再制造、销售结算等产业链中高端延伸；依托开放平台开展内外贸一体化试点，打造内外贸融合发展平台，支持建设内外贸"一站式"解决方案。

另一方面，围绕我国对外开放长期存在的短板领域，如金融服务、教育医疗卫生养老和数字经济等，继续合理缩减外资准入负面清单。同时要在国民待遇、公平竞争、知识产权、环境保护、政府采购、公共服务等方面继续深化改革，依法保护外商投资权益。

另外，就是要加强跨境电子商务贸易的发展。国内电子商务做得风生水起，跨境电子商务虽有长足发展，但总体规模还很小。这种差距的主要原因就是存在内外贸"两张皮"的问题。2024年6月，商务部等九部门出台了《关于拓展跨境电商出口推进海外仓建设的意见》，从 5 个方面提出了 15 项具体措施，包括积极培育跨境电商业务主体、增强金融支持、加强基础设施建设与物流体系优化、提升监管与服务水平以及积极开展标准规则的国际化合作与建设等，其内涵就是有效解决内外贸"两张皮"的问题，积极推动电子商务内外贸一体化发展。

二是以服务贸易和数字贸易 [4] 为重点，建设贸易强国。过去 10 年，全球价值链的重构主要是由知识密集型服务业所推动。中国已是全球货物贸易第一大国，要成为贸易强国必须在服务贸易和数字贸易上发力。近年来，我国在全球服务贸易中的地位不断提升，服务贸易规模连续多年保持世界第二位。但对比发达国家的服务贸易高附加值的行业结构，对比我国 40 多年来货物贸易的发展速度，我国服务贸易存在逆差规模大、结构效益不高等问题，巨量的货物贸易对服务贸易发展理应具有的带动优势没有发挥出来。2023 年，美国的进出口贸易总额是 6.88 万亿美元，其中服务贸易 1.72 万亿美元，占比为 25%。欧盟 27 国 2022 年的进出口贸易总额是 5.58 万亿欧元，其中服务贸易 2.43 万亿欧元，占比为 43.5%。中国 2023 年的进出口贸易总额是 6.81 万亿美元，其中服务贸易 0.87 万亿美元，占比只有 12.8%。从这些对比的数据不难看出，中国的服务贸易占比偏低，其发展大有可为。

作为服务贸易中最具潜力、发展空间最大的数字贸易，近年发展迅猛。联合国贸易和发展会议报告数据显示，全球数字服务贸易占服务贸易的比重已由 2011 年的 48% 增长至 2020 年的 63.6%。中国在这方面有基础有优势，而且已经申请加入《数字经济伙伴关系协定》（DEPA）。可以预见，未来我国服务贸易占全部贸易额的比重将逐步提升，服务贸易中数字贸易的比重将会逐步提升，服务贸易、数字贸易将与货物贸易一道共同支撑中国贸易强国建设。

三是高质量共建"一带一路"，带动全域全方位对外开放。共建"一带一路"倡议提出以来，取得了举世瞩目的成就，在改变世界经济版图的同时，也在深刻影响和塑造着中国对外开放的格局。其中，"中欧班列"的开行和运营，堪称共建"一带一路"的典范。在中欧班列的带动下，沿线通道经济、口岸经济、枢纽经济快速发展，为内陆城市对外开放拓展了新空间。迈入新征程，要继续深化改革，扩大开放，突破一些瓶颈和障碍，加快形成以中欧班列为依托、沿线主要枢纽为支撑、产业链供应链深度融合的国际经贸合作大通道。特别是要考虑通过运力布局的优化调整，为带动全域全方位对外开放作出新的更大贡献。若提升了北上两通道的运输和通行能力，将给东北地区开放带来新的契机。除了北上（东中两通道）、西出（西通道）两大战略方向，还有南向大通道。其中一个是西部陆海新通道，另一个是以中老、中越、中缅三大通道为依托、面向中南半岛的南向通道。这些通道在将丝绸之路经济带与21世纪海上丝绸之路无缝连接在一起的同时，也将带动相关区域的对外开放迈上新台阶。此外，各地还可依据自身的资源禀赋和产业条件与共建"一带一路"国家和地区建设空中丝绸之路、网上丝绸之路等特色合作，提高开放层次和水平。

四是实施"自贸港＋自贸试验区＋高标准自贸区网络"战略。党的二十大提出"实施自由贸易试验区提升战略"，我认为需要思考两个问题：其一，新一轮科技革命和产业变革正推动重塑经济发展动力、区域分工格局和全球产业链供应链价值链，如何发挥自贸港、自贸试验区开放优势,推动创新要素跨境自由便利流动,进而吸引集聚国际创新资源,打造国际创新合作平台?这既是提升创新能力、建设科技强国的内在要求,也是破解科技脱钩、进一步提升产业竞争力的战略需要。从产业发展需要看,蓬勃发展的数字经济、生物经济和低碳经济对监管的标准和能力提出了更高的要求。这些新经济新业态的发展和监管问题都可以在自贸港、自贸试验区先行先试,取得经验后再逐步推广。其二,如何通过自由贸易港和自贸试验区的探索为我国与其他国家和地区共同推进自由贸易协定服务?近年来,美日欧等发达经济体正酝酿超越 WTO 的高标准经贸规则。同时,中国参与的 RCEP 已顺利签署实施,中欧投资协定谈判如期完成,已正式申请加入《全面与进步跨太平洋伙伴关系协定》(CPTPP)。总的来看,国际经贸规则演进的基本方向是由边境外措施向边境后开放转变,更加强调营商环境的趋同化。这要求自贸港、自贸试验区以更大的力度、更高的标准和更实的举措开展创新探索和压力测试,重点围绕高水平经贸规则所涉及的准入前国民待遇、负面清单管理、知识产权保护、生态环境保护、劳动权利保护、竞争中性、数字贸易以及教育、医疗公共服务开放等八个方面形成突破,加快打造市场化、法治化、国际化一流营商环境,为中国参与国际经贸新规则谈判和全球经济治理探索新经验、形成新示范。

五是以"人民币国际化+高质量走出去"深度参与全球产业分工合作。党的二十大报告提出,有序推进人民币国际化。根据 SWIFT 的数据,2023 年 12 月,人民币在全球支付清算中的使用比例达到 4.14%,与 2021 年比同期相比上升了近 2 个百分点,也就是这两年差不多每年以增加 1 个百分点的速度在提升,目前已经是第四大支付结算货币。越来越多的境外市场主体在考虑使用人民币作为融资货币，用于对华贸易。随着我国人民币互换安排[5]、清算网络日益健全，越来越多的中国企业在"走出去"时选择使用人民币进行对外直接投资，也有越来越多的境内工商企业在国际贸易中倾向于使用人民币作为合同的计价货币。

在储备货币方面，自2022年8月起，国际货币基金组织（IMF）最新特别提款权（SDR）货币篮子正式生效，人民币在其中的权重由此前10.92%上调至12.28%。

应该说，这些进展十分喜人。但我们还要清醒地看到，人民币的国际化地位总体上与中国经济在世界经济中的地位不相匹配，其国际化仍有很大的空间，有大量工作要做。

从全球货币格局看，大致上可以分为三类：一类是美元，是世界货币。美国GDP占全球的25%，但国际支付中将近50%是用美元计价和结算的，美元在全球外汇储备中的比重接近60%。第二类是欧元、英镑、日元等，这些货币对应的经济体占世界经济的比重分别与这些货币在全球市场中的比重大致相当。第三类是其他经济体，其货币地位远低于其GDP在全球中的比例。

中国已经是世界第二大经济体，2023年GDP占全球比重达到17%。未来，人民币国际化至少要实现与欧元、英镑、日元相当的地位，与中国在世界经济中的比重相当。

党的二十届三中全会审议通过的《中共中央关于进一步全面深化改革、推进中国式现代化的决定》提出，推动金融高水平开放，稳慎扎实推进人民币国际化，发展人民币离岸市场[6]。

人民币国际化是金融高水平开放的重要内容。稳慎扎实推进人民币国际化，可以从以下几个方面推进：

第一，继续推动中国跨境贸易以人民币计价、人民币结算。当前，我国对外贸易再创新高，特别是未来将增加进口。2023年前9个月，货物贸易项下使用人民币结算的比例达到24.4%。而且随着高质量共建"一带一路"的持续推进，特别是随着我国与东南亚国家经贸合作的深化，预计到2030年，这一比例将达到35%；到2035年将达到45%。以此为基础，预计人民币在全球支付结算中的比重每年增加1个百分点，到2035年人民币在支付结算中的比重将达到17%左右。

第二，继续改善服务，为跨境电商等新业态新模式提供跨境人民币结算服务。2023年，中国跨境电商进出口2.38万亿元，增长15.6%，跨境电商成为全球贸易的新势力，成为推动中国贸易发展的重要动能。通过推进通关、税务、外汇等监管创新，营造有利于新业态新模式发展的制度环境。未来，随着越来越多的中小企业"触电上网"，将推动人民币国际化应用。

第三，继续扩大开放，为"引进来""走出去"提供更加便利的投融资服务。过去40多年，中国引进外资连创新高，可以预见，未来中国仍将是外资最为青睐的目的地之一。这个过程中，外资进入中国，可以是外币，也可以是人民币。外资以人民币进入，可以成为人民币的回流机制。同时，随着中国企业"走出去"，对外投资也可以用人民币作为主要币种，带动人民币"走出去"。这样一来一去，形成人民币双向循环的良性机制。

第四，加快发展人民币离岸市场。目前，中国香港、新加坡、伦敦等已经成为主要的人民币离岸市场。其中香港是全球最大的离岸人民币中心。接下来要继续发挥香港作为离岸人民币中心的地位，进一步丰富人民币产品，为人民币离岸投融资提供更好的标的。同时，注意到 RCEP 区域也是人民币跨境使用最为活跃的地区之一，推动人民币在 RCEP 区域使用也是离岸人民币市场建设的重要方向。

近年来，围绕资本项下可兑换，有关部门做了大量工作，取得了不少进展。但是，需要指出的是，人民币国际化与资本项下自由兑换[7]有联系也有区别。不是资本项下自由兑换就意味着人民币国际化就能水到渠成，而是反过来，只有人民币国际化达到一定程度，才是资本项下自由兑换的必要条件。这里面实际上是金融开放与安全的权衡。什么时候人民币国际化水平达到与中国在世界经济中的地位相当的程度，资本项下更加自由的兑换才具备了必要条件。

（据黄奇帆 2024 年 8 月 28 日在中山大学演讲整理，有删节）

注释：

【1】"三来一补"：加工贸易是我国改革开放初期发展外向型经济的重要形式，当时对中国经济的发展起到了重要的推动作用。

"三来"是指：1. 来料加工：外商提供全部或部分原料、辅料，国内企业按约定质量标准加工为成品，收取加工费。2. 来件装配：外商提供元器件、零组件，国内企业进行装配检测后出口，收取装配费。3. 来样生产：外商提供产品设计图纸和样品，国内企业自行采购原料仿制生产并出口。

"一补"是指补偿贸易：外商提供设备、技术，国内企业以该项目生产的产品或双方商定的其他商品分期抵偿引进成本。

"三来一补"加工贸易往往具有"两头在外"的特征，即原材料供应与产品销售市场均在国际市场，国内仅承担加工增值环节。

【2】供给侧结构性改革：以深化供给侧结构性改革为主线，是实现高质量发展的必然要求。我国一些行业和产业，一方面产能严重过剩，另一方面又有大量关键装备、核心技术、高端产品还依赖进口。解决这些结构性问题，需要从供给侧发力，把改善供给侧结构作为主攻方向。供给侧结构性改革的重点，就是进一步解放和发展社会生产力，用改革的办法推进结构调整，减少无效和低端供给，扩大有效和中高端供给，增强供给结构对需求变化的适应性和灵活性，着力提高全要素生产率。通过深化供给侧结构性改革，优化存量资源配置，扩大优质增量供给，不断让新的需求催生新的供给，让新的供给创造新的需求，从而实现更高水平和更高质量的供需动态平衡。

【3】服务贸易：就是"买卖看不见的跨国手艺"。它不是实体的货品，而是用技能、知识甚至体验赚钱的国际交易。举个例子：你想找法国大厨学做牛排，不用飞巴黎，视频连线教学——这是"跨境服务"；去日本玩，当地导游全程陪同讲解——算"境外消费"；星巴克在上海开连锁店卖咖啡——属于"商业存在"；菲律宾护士来中国医院工作——则是"人员流动"。这四大模式覆盖了服务贸易的所有玩法。

从你听的美国网课、买的进口电影版权，到手机里的跨国客服、国际快递物流，都算服务贸易。服务贸易让各国"扬长避短"——比如印度输出软件技术，瑞士卖高端旅游，咱们的电商运营服务也能销往东南亚。

【4】数字贸易：分为三个层面：

1.纯数字买卖：像游戏玩家在 steam 买美国游戏、老外订阅中国小说 APP 会员，都是直接交易数字产品。2.数字搭桥卖实物：通过亚马逊卖义乌小商品，用阿里巴巴国际站接订单，靠跨境电商平台分销全球。3.改造传统行业：新加坡医院用中国开发的 AI 看 X 光片，纽约设计师用深圳 3D 打印服务做样品。

【5】互换安排：货币互换相当于"跨国换饭票"。比如澳大利亚和巴西约定：澳方存 100 亿澳元到巴西央行账户，巴西方存 300 亿雷亚尔到澳洲央行账户（按 1:3 汇率）。之后：

澳洲买巴西咖啡：直接用存在巴西的雷亚尔付款，省去换汇麻烦；

巴西购澳洲铁矿：调用澳洲账户的澳元结算，避免汇率波动风险。

如同两个朋友互换午餐券：你用我的食堂饭卡，我用你的小卖部代金币，既不用每次掏现金，也不怕对方突然涨价。现实中，两国央行这么做可稳定贸易，还能危机时互助。全球货币互换网络像一张安全网，让各国在美元风浪中抓牢锚点。

【6】离岸市场：人民币离岸市场就像"国际版人民币游乐场"。想象你在中国香港开了一个全天候的兑换铺子：

谁在用：海外企业、机构和个人（如新加坡公司用人民币买中国机床，迪拜土豪投资人民币债券）

钱从哪来：中国内地外贸顺差积累的境外人民币（比如出口商品收到美元后换成人民币存放在中国香港）

比如某国用伦敦离岸人民币买越南咖啡，某国用新加坡离岸人民币还中国贷款。这相当于为人民币铺了条国际高速公路，让全球玩家能 24 小时买卖、投资人民币，助推其成为世界货币。

【7】资本项下自由兑换：相当于"允许钱在全球随意投资"的通行证。你可以想象：

当前状态：国家允许你换外汇去国外旅游购物（经常项目开放），但不允许大量换钱炒美股、买海外房子（资本项管制）。

自由兑换后：给英国朋友转账 10 万英镑买足球俱乐部股份，或者日本企业直接汇款到中国投资奶茶连锁，都不再受额度限制或监管审批。

这就像把自家院墙拆了，允许资金像野马般自由进出。利好在于提升国际投资效率、倒逼国内金融改革。但风险是国际热钱可能快进快出（如华尔街大鳄做空）。中国正通过沪港通、自贸区试点等项目逐步"拆墙"，等金融监管篱笆扎稳后才会全面放开——相当于给野马套上 GPS 定位，既自由又安全。

第二讲

找准扩大消费的重点和痛点

刘世锦

　　十三届全国政协经济委员会副主任，国务院发展研究中心原副主任。参加中共十八届三中、十八届五中全会、十九大报告的起草工作，是中国国家"十四五"规划专家委员会委员。曾多次获得全国性有较大影响力的学术奖励。

中国经济的疫后复苏并非一帆风顺,但总体而言,经济仍在稳步回升,呈现向好态势。2023 年,我国的 GDP 增长速度达到了 5.2%,而 2024 年达到了 5%。在全球各大经济体中,这样的表现应当被视为相当不错的成绩。然而,与此同时,宏观经济正面临着总需求下滑的压力。

有一个指数叫作 GDP 平减指数[1],指的是总价格水平已经连续七个季度处于负增长状态,这在改革开放 40 多年的历史中是未曾有过的。特别是 2024 年三季度以后,消费、就业、财政等重要指标出现明显放缓乃至收缩的迹象。这一情况随后引起了各界的广泛关注,中央政治局为此召开会议,尤其是在 2024 年年底召开的中央经济工作会议上,将"大力提振消费、提高投资效益,全方位扩大国内需求"摆在重点工作任务之首。

前段时间,政府相关部门密集出台了一系列扩大内需、稳定增长的增量政策。尽管 2024 年 10 月份之后部分数据有所回暖,但我们更为关注的是,2025 年以及未来几年中国经济的增长态势。当前我们面临的核心问题是需求不足。需求不足不仅影响消费领域,还波及就业、财政等多个方面,引发了一系列连锁反应,包括近期社会上议论较多的"远洋捕捞"趋利性执法现象。

我们不仅要认识到需求不足所引发的问题,更要深入探讨其背后的原因,尤其是背后深层次的根源。需求不足带来的问题与原因，本身是两个不同的议题，需要明确区分开。当前，我们很容易将这两者混淆，因此，必须厘清思路，准确识别问题的成因，这是寻找解决问题线索的重要前提。

一、经济增速放缓的主要原因是需求不足

首先，我想谈谈近年来中国经济在大背景下发生的一个重要转变，即从供给约束转变为需求约束。改革开放以来，我们经历了30多年近10%的高速增长，事实上，东亚其他成功的经济体，如日本、韩国等，也都曾经历过类似的增长阶段。从这一角度来看，中国的经济增长确实堪称是一个奇迹。但同时，我们也经历了其他国家在发展过程中都曾遇到过的变化。

2009年，我在国务院发展研究中心工作时，我们提出了一个观点，即中国的高速增长阶段即将结束，将会从高速增长转向中速增长。当时，大多数人对此持怀疑态度，但随后这个变化还是出现了。这是为什么呢？这就是经济发展规律的作用。自2010年第一季度起，中国经济在达到一个高峰后开始放缓，从高速增长转向中速增长。

倘若中国的增长轨迹与日本相似，或者我们的表现略胜一筹，那么未来5至10年内，中国可能仍将持续中速增长，预期增速维持在4%—5%之间。

在这一转型过程中，有两个概念至关重要，其中之一便是我研究时提出的"历史需求峰值"概念。这一概念指的是，在工业化、城市化历经数十年乃至上百年的发展过程中，某一项需求增长最为迅速或需求量达到最大的那个点或区间，一旦达到这个点

或区间，该需求的增长速度便开始放缓。

另一个重要概念是需求结构。需求背后反映的是收入结构。我们通常谈论较多的一个概念是关于中高收入群体，其中高收入群体人数相对较少，可能仅有几百万，至多千万级别。而占据主导的是中等收入群体，他们与低收入群体共同构成了社会的主要部分。当中等收入群体占比超过50%甚至60%时，我们通常称之为"橄榄型"结构，这种结构相对较为理想。与之相对应的是另一种结构，即中等收入群体占比较小，而低收入群体比重较大。

历史需求峰值和需求结构，对经济增长具有重要影响。那么，它们与我们之前讨论的转型有何关联呢？历史需求峰值标志着经济从高速增长向中速增长的转折点。换言之，当历史需求峰值出现时，就意味着经济已经转向了中速增长阶段。接下来，中速增长期能够持续多久，则直接取决于需求结构。从某种意义上说，需求结构决定了转折点之后中速增长期的时长。

实际上，我们已经进入了中速增长期，至今已有大约十三四年。如前所述，我们希望中国在未来5—10年内能继续维持中速增长。而能否实现这一目标，实际上与需求结构或收入结构有着直接的联系。

在转折点之前，经济增长的主要制约因素是供给不足。因为在那个阶段，整体的供给能力正处于成长之中。这一时期，市场供求关系容易出现的问题是通货膨胀。然而，转折点之后，主要制约因素转变为需求不足。

实际上，中国从高速增长转向中速增长的背景，正是由于需求开始下降，这种需求的减少，正是导致经济增长减速的原因。

随着供给能力的形成，需求相对于供给在减少，从而导致增长速度开始放缓。因此，当前讨论较多的问题之一是通胀压力的变化。在转折点出现之前，我们面临的是通胀压力；而现在，这种压力正逐渐转变为通缩压力。更准确地说，价格上升的压力正在转变为价格低迷的压力。

需求不足具体指的是什么呢？是投资不足吗？从某种角度来看，这些年我们的投资实际上已经有些过度，甚至可以说是透支了，问题更多的是消费不足。那么消费的状况究竟如何呢？按照购买力平价计算，将中国与OECD（经济合作与发展组织）国家在相似的发展阶段进行比较，我们关注消费占GDP的比重。在家庭消费方面，中国大约相当于OECD国家的68.3%；最终消费则相当于OECD国家的74.6%；服务消费相当于70.6%。

也就是说，中国现阶段的消费需求不足与OECD国家在相同发展阶段的平均值相比，存在高达1/4甚至1/3的偏差。这种消费不足并非仅仅是平均水平上的些许偏差，比如一两个、三四个百分点的差距，而是一种结构性偏差。

二、不能笼统地谈论消费增长

要理解中国消费不足这一问题，我们需要把握现阶段中国消费所展现出的一些新特点。

首先，要区分生存性消费和发展性消费。简单来说，生存性消费就是我们过去常说的解决温饱问题，即衣食住行等基本需求的满足。近年来，随着扶贫工作的推进，这些问题已基本得到解决，人们不再为基本的生活需求所困扰。而且，生存型消费主要以商品消费为主，这一层面的问题目前已经得到了较好地解决。

然而，消费是需要升级的。消费结构的升级主要体现在教育、医疗卫生、保障性住房、社会保障、文化体育娱乐、金融服务、交通通讯等发展型消费，尤其是服务消费，这些已成为拉动消费增长的主要动力。

因此，我给大家引入一个新的概念，就是要明确区分生存型消费和发展型消费。当前，消费增长主要依赖于发展型消费的拉动，这一结构特点十分重要，我们不能笼统地谈论消费增长。

生存型和发展型这两种消费类型，在实现方式上的差异也是非常重要的。生存型消费主要以个体消费为主，这类消费是个人能够自行解决的，比如吃饱穿暖。这就是生存型消费的自理性质。然而，发展型消费则更多地采用集体消费或公共服务的方式，比如我们现在讨论的医保和社保，它们采用的是互助共济的方式，即一群人互相帮助。学校教育则通常采用集体学习的方式，虽然也存在一对一的教学，但这并不是常态。因此，发展型消费实际上与政府的基本公共服务均等化紧密相联。

因此，对于发展型消费而言，仅仅依靠个人的努力是不够的。政府需要扮演搭台子、建机制、出资金的角色，既要提供资金支持，又要构建相应的制度框架。从统计数据来看，世界各国皆是如此。这种发展型消费往往需要政府投入大量资金，居民个人再把钱拿出来，形成政府支出与居民消费支出的组合模式。

尽管多年来，政府在基本公共服务方面已经做出了一些努力，取得了一定的进步，但总体来看，公共服务均等化的水平仍然滞后，这直接制约了发展型消费的增长。近年来，城市居民，特别是中等收入群体和白领阶层生活上仍然面临着压力，主要担忧的是教育、医疗和住房。不过，相较于城市居民，近3亿农民工，特别是近2亿外出进城的农民工，在基本公共服务方面的"欠账"问题更为突出。

在这里，我想特别指出，像中关村这样的地方，无论是今天在这里为我们服务的人员，如端茶倒水的服务员、门口的保安、中午做饭的厨师、帮忙照看孩子的阿姨，还是为我们送快递的快递员、建筑工地上高空作业的工人，据我所知，其中很少有北京户口，大多数都是进城务工的农民工。那么，他们的基本公共服务状况如何？比如，他们晚上住在哪里？他们的孩子在哪里上学？当他们生病时，他们会去哪里看病？特别是当他们年老时，他们的养老问题又该如何解决呢？

我与他们中的一些人有过接触，他们来到北京，有的人已经在这里生活了几年，甚至十几年、二十多年了。他们的子女，已不再是第一代农民工的子女，而是第二代，甚至第三代了。那么，政府是否需要为他们解决一些基本公共服务问题呢？这些人多年来一直在这个地方创造财富、领取工资，同时也实际上在交税。与税收相对应，政府理应为他们提供基本公共服务。有人认为解决农民工的基本公共服务是政府拿钱给的一种施舍，这是一种似是而非的观点。实际上，政府已经收取了农民工的税收，但政府应该提供的基本公共服务却未能到位。从这个意义上讲，这是政府欠农民工的账。

关于4亿中等收入群体和9亿低收入群体，在常规统计中，我们主要关注的是个人可支配收入。但若将政府提供的基本公共服务在个人身上的体现程度或分配情况纳入考量，并将这一数值累加，你会发现收入差距实际上进一步扩大了。换句话说，在某些方面，尽管不能一概而论，但我们的政府在提供基本公共服务时并未能有效缩小收入差距。

我再列举几个数据，这些数据来源于 2022 年人社部发布的统计公报。2021 年，我国机关事业单位退休人员的平均月养老金大约为 6000 元左右，而城市中企业退休职工的月养老金则大约为 3000 元左右。至于城乡居民养老保险，其中 95% 的参保者为农村居民，他们每月领取的养老金仅为 190.09 元，还不到 200元。此外，还有相当数量的农民工、灵活就业人员以及新就业形态的劳动者并未被纳入社会保障体系。因此，就社会保障而言，我们面临的问题，一是水平偏低，二是内部差距过大，这实际上加剧了人均收入水平的差距。

另外，从国际视角来看，2021 年中国养老金整体规模约为10.8 万亿元（折合 1.85 万亿美元），占 GDP 比重为 10.4%。相比之下，英国养老金资产规模达 3.56 万亿美元，养老金总资产占GDP 比重为 124.1%，而日本，尽管其养老金制度建立得稍晚一些，但 1.56 万亿美元也占到了 GDP 的 74%。从人均规模来看，中国的人均养老金资产规模仍然相当低。

三、服务消费和城市化水平直接相关

服务消费在很大程度上依赖于规模经济[2]和集聚效应，这与城市化水平有着直接的联系。我想阐述一个经济学原理，以往我们谈论规模经济时，通常指的是生产领域，比如建设工厂，通过聚集来实现规模经济效应。但这里有一个常被忽视的点，即消费，特别是服务消费，同样需要规模经济和集聚效应，需要大量人口的聚集。

以基础设施建设为例，如果你在农村地区，人口居住分散，那么，仅仅为了铺设上下水管道，成本就会非常高昂。相比之下，在城市中，由于聚集度高，整体基础设施建设的成本相对较低。我们现在讨论的是教育、医疗、保障性住房等领域，实际上也都涉及规模经济的问题。

具体来说，在医疗领域，为什么北京等大城市的医院总是人满为患？这是因为高水平的医生大多集中在条件较好的大城市里，这些城市能够吸引并留住医疗人才，形成医疗资源的集聚效应。城市化带来的人口聚集效应，使得服务消费能够更有效地利用规模经济和集聚效应，从而降低成本。

在文化娱乐方面，以演唱会为例，知名歌手之所以选中一些大城市演唱，是因为它们能够吸引足够多的人群，演出馆内座无虚席。相比之下，如果在县城举办音乐会，效果往往会大打折扣。以北京为例，拥有国家大剧院这样的高端文化设施，只有身处北京的市民，才能享受到这些高质量的文化娱乐服务。

简而言之，如果你现在身处农村或一些发展水平较低的县城，你会发现很多服务消费，包括医疗、教育以及文化娱乐等，即便你有钱也花不出去，难以享受到高水平的服务。这是因为这些地区的人口规模和经济集聚程度不足，难以支撑起高质量服务的供给。

再说一下中国城市化率的问题。我们的城市化率相对偏低，与处于大致相同发展阶段的国家相比，中国的城市化率存在一定的差距。具体来看，日本的城市化率为 0.76，英国为 0.77，澳大利亚高达 0.83，德国虽为最低，但也达到了 0.72。这些国家的城市化率普遍在 0.7 以上，部分接近或超过 0.8。而我国目前的城市化率，按照常住人口来计算为 66%。若以户籍人口为准，则城市化率更低，仅为 48.3%，还不到 50%。更为关键的是，在这不到 50% 的户籍城市化率中，相当一部分人的基本公共服务水平并未达到应有的标准。

进一步审视，我们发现制度层面仍存在一些制约以人为核心的城市化进程的因素。我将其概括为城乡之间的三个不平等。

首先是户籍制度与身份、居住及迁徙权利的不平等。尽管从法律层面讲，每位公民都是平等的，但在现实生活中，城市户口与农村户口之间在社会认知和制度政策上的鸿沟显而易见。

其次是基本公共服务分享权利的不平等。这方面的差距相当显著。城市与农村居民在享受教育、医疗、社会保障等基本公共服务方面存在明显的不均衡。

最后是财产与不动产权利的不平等。这个问题虽然讨论得相对较少，但我认为它同样值得深入探讨。以房产为例，城市居民在国有土地上可以相对自由地买卖自己的房产，而农村居民在农村集体土地上建造的房屋，则只能在集体组织内部流转，这就明显限制了农民的财产权利。我们需要理解一个基本原理：在市场经济条件下，可流动、可交易、可抵押、可担保的财产与不可流动、不可交易、不可抵押、不可担保的财产，其市场估值和实际价格是否相同？显然，两者差距很大。因此，大家或许就能理解，为什么农民的财产性收入相对较低。尽管农民拥有一块土地，但由于这块土地不能交易、不能流转，它的价值被大大低估，至少没有达到应有的市场价格。这也是当前农民消费水平较低的一个重要原因。

四、扩大消费的关键在源头治理

当前,扩大消费成为热议话题,但关键在于找准重点和痛点。我认为有以下三点:首先,应以基本公共服务为依托,重点发展包括教育、医疗卫生、保障性住房、社保、文化体育娱乐、金融服务、交通通信等在内的服务消费;其次,应关注以农民工为代表的中低收入群体;最后,应坚持以人民为中心,推动权利平等的市场化和城乡融合发展。

当然,谈到中国的消费需求,我认为其原因可以概括为以下几点:首先,长期以来,我们的体制机制和政策倾向于重投资而轻消费;其次,基本公共服务均等化水平相对滞后;再次,城市化的比重和质量偏低;最后,收入差距也是一个不可忽视的因素。

扩大内需,特别是扩大消费,其中的逻辑和方法至关重要。我借鉴了治理污染的思路,将扩大消费的策略分为三种。第一种是末端治理。简单来说,就是像直升机撒钱一样,直接发放消费券或现金以刺激消费。对于这种观点,我们需要思考它是否真的有助于扩大消费。确实,短期内,如果一个城市在某个月发放消费券或现金,鼓励大家购物,那么这个月的消费占比无疑会上升。然而,到了下个月或第二年,如果消费水平本身较低,那么,这种提升很可能是暂时的,消费水平最终还是会回落。

此外,还存在消费倾向的问题。如果采用"直升机撒钱"的方式，亿万富翁也可能获得这笔钱，但对他们来说，这笔钱并无实际意义。即使将钱发放到低收入群体手中，他们可能会因为多买几个面包而感到高兴。然而，他们真正担忧的是住房、教育、医疗、社保等问题。对于这些问题，发放消费券或现金，无疑是杯水车薪，不能从根本上解决问题。

第二种方式，我称之为中端治理。以当前典型的减轻债务负担为例，我们的债务负担多是欠银行的债务。假设我们实施一项刺激政策，将资金提供给经济主体，他们很可能会用这笔钱来偿还债务，而大部分钱最终又回到了银行。那么，银行拿到这些钱后能否顺利贷出？事实上，目前银行面临的问题也是需求不足，有一种说法是借款人不足，人们不愿意借款。

当然，也有一些情况是，某些主体之前欠企业的钱，现在通过清理账款来偿还。偿还后，拿到钱的企业可能会发放一部分工资，从而间接扩大消费，但这部分消费的具体规模仍不确定。此外，这些经济主体在减轻债务负担后，为了稳增长，他们可能仍然会选择扩大投资或上马大项目，实际上是在进一步扩大供给，而当前的问题是消费需求不足，这种做法反而加剧了供需矛盾。

第三种方式是源头治理，即将资金用于扩大消费，特别是针对服务消费需求效应最强的人群和环节。这不仅仅是一次性救助，更重要的是"花钱建新制度"，形成长期可持续的机制，从而有效纠正消费需求的结构性偏差。

五、立足制度建设扩大消费

党的二十届三中全会对深化改革作出了全面部署。具体来说，关于完善市场经济基础制度、调整中央与地方的财政关系、提升农村人口的基本公共服务水平、推进农村土地制度改革等方面，都提出了不少深化改革的要求，现在需要的是切实落实这些改革措施。

正如上文所讲，我们当前正面临需求不足的压力，现在需要实施一些刺激政策。然而，刺激政策并非规模越大越好，因为任何刺激都是有代价的。以欧美国家为例，近年来他们在实施刺激政策时，也制定了中期财政平衡方案。更重要的是，我们需要为结构性改革争取时间。

我注意到，当前社会上对刺激政策讨论较多，而对改革的关注相对不足。改革往往被认为是慢变量，远水不解近渴。事实上，在改革工具箱内，能够找到不少增长导向、有立竿见影之效的改革举措，产生"今晚公布，明早涨停"的短期效应。即使那些中长期见效的改革，如能尽早启动和推进，也能形成积极预期，对短期稳增长发挥正面作用。

现阶段扩大消费需求特别是服务消费，应着力推动以下三个方面的结构性改革：

首先，以扩大中央政府基本公共服务均等化事权为突破口，加强社会保障和提升人力资本的能力建设。在中央与地方基本公共服务事权划分方面进行合理调整与优化。养老医疗保障的基础部分，如养老保障的第一支柱（即基础部分），以及义务教育范围的拓展（如当前正在探讨的是否将其扩大至高中教育阶段）等事项，应当划为中央政府事权。而社会保障的其他方面，比如，养老保障的第二支柱和第三支柱、保障性住房建设、教育培训等则主要由地方政府负责。

　　具体而言，应当大力提升以进城农民工为主体的新市民群体在保障性住房、教育、医疗、社保、养老等基本公共服务领域的保障水平。例如，继续推进政府收购滞销住房并将其转化为保障性住房，然后以租赁或者出售的方式提供给新市民。农民要由进城打工者转为在城市家庭团聚、安居乐业。

　　增加保障房供应可以扩大房地产的有效需求，住房改善可以带动装修、家具、家电等消费，家庭团聚可以带动教育医疗养老等需求，完善社保可以降低后顾之忧，降低预防性储蓄。与此同时，适当降低个人和企业缴费水平，减轻企业和个人负担，促进企业增加投入、个人扩大消费。相应减少地方政府基本公共服务事权，缩小其事权财权不平衡缺口。

　　与此相关的一个重要问题是如何充实社保基金。可以考虑从当前的刺激计划资金中拨出一部分，专项用于低收入群体养老金的发放。如果从当前的刺激计划中拿出 1 万亿元资金用于城乡居民养老保险的支出，那么按一年的周期计算，人均养老金水平可从目前的 200 元左右提升至 600 元左右。

　　更重要的是，应抓紧探索较大规模的国有权益资本划拨低收入群体的社保基金。理论上，国有资本在某种意义上可以看成全国人民的社保基金。2023 年国有资本权益总额为 102 万亿元，国有金融资本权益总额为 30.6 万亿元，两项合计为 132.6 万亿元。可以考虑分步稳妥地把较大规模的国有金融资本划拨到城乡居民基本养老保险，减少居民缴费，提高居民养老金收入，在短期内尽可能明显缩小与城镇其他群体的养老金收入差距。城乡居民低收入群体预防性储蓄高，同时边际消费倾向也高，把国有资本划拨低收入人群养老保险，将会把大量预防性储蓄转化为现实的消费能力，直接增加消费需求。

从国际经验看，典型发达经济体都曾经历过这一转变。现阶段加强社会保障和提升人力资本的能力建设，是国家治理体系和治理能力现代化的重大进展，也是社会主义国家集中力量办大事的重要体现。应争取用5—10年时间，逐步缩小并基本消除城乡之间、城市内新老市民之间在基本公共服务水平上的差距，实现基本公共服务在适宜水平上均等化的目标。

其次，以城乡结合部农村土地市场化改革为突破口，推动城乡之间人员、土地、资金等要素双向流动、融合发展，带动中国的第二轮城市化浪潮。

在城乡结合部开展城乡居民土地权利均等化、土地资源市场化配置利用的改革试点，并以此为牵引，加快都市圈范围内中小城镇建设。我国城市核心区建设已达到较高水平，还出现了一定程度的拥堵。从国际经验看，城市群、都市圈范围内的核心城市通常占城市人口的30%左右。核心城市之外的中小城镇还有巨大的发展空间，可容纳60%以上的城市人口，其中既包括原有城市疏解人口，更多的是农村和其他城市的流入人口。这一区域也适合制造业和中低端服务业的集聚，基建和房地产还有一定的增长空间。

通过提高城镇化的比例（达到75%以上）和质量（缩小以至消除城乡居民基本公共服务水平），力争用10年左右时间，实现中等收入群体倍增的目标，由现阶段中等收入群体4亿人口增长到8亿—9亿。提出并推进实现这一目标，对延长中速增长期，打破需求约束对经济增长的不利影响具有重要意义。

最后，以调整经济活动中所有制属性的界定范围为突破口，促进社会主义市场经济基础制度的创新完善，创造更多的较高收入就业机会。

适应现代企业和市场环境的变化，调整经济活动中所有制属性的界定范围，从企业层面退出，回归投资者层面。具体地说，投资者（企业出资人）可以划分为中央国有投资者、地方国有投资者、机构投资者、个人投资者、境外投资者等。企业不再按照所有制分类，而是按照规模（大、中、小等）、行业（工业、服务业等）、技术特点（劳动密集、技术密集等）等分类。

这一调整符合现代企业制度演化规律，符合现阶段我国企业和市场发展的实际状况。在真实的市场经济中，要找到纯粹的国有企业或民营企业越来越困难，不同形态的混合所有制企业成为常态。

在现代企业中，出资人提供的资金，只是企业投入的多种要素（还有劳动力、土地、技术、管理、数据等）中的一种，把多种要素组合起来形成竞争力的则是企业家。按所有制划分企业，把出资人摆到企业的首位，低估了企业家的功能，不利于认同、尊重、保护企业家在企业发展和创新中的核心地位和关键作用。

这一调整应成为完善社会主义市场经济基础制度的重要突破口，带动促进各种所有制投资者平等保护、各类企业平等发展的体制机制政策和行为规范调整，有利于形成创新的长期预期，并带动创新驱动的能力建设。同时，也有助于各类企业的公平竞争，促进技术进步，提高附加价值，创造更多的高质量就业机会和较高收入的就业岗位，进而全面提高劳动者收入水平，为稳定持续扩大消费打牢基础。

六、国民经济运行新循环要争取形成"三支柱"

中国下一步要实现高质量发展，需要与上面刚才提到的改革相适应，应该争取形成一种"三支柱"的国民经济运行新循环。

第一个支柱是在需求侧，以发展型消费为重点的服务消费，带动消费结构升级和规模扩大。最近一段时间，大家讨论较多的问题是，过去我们有几个大的增长引擎，如基建，特别是房地产，这一轮经济下滑主要是由于房地产行业的低迷，但房地产的黄金时代已经过去。中国是否还有较大的增长机会呢？实际上还是有的。简单来说，就是消费需求，特别是服务消费的发展。我们需要提升基本公共服务的均等化水平，扩大发展型消费。同时，要适应各层次居民多样化和个性化的需求，以基础性消费为托底，允许并鼓励合理的中高层次消费需求。

要进一步放宽服务业的准入，取消不适应当前实际情况的限制，以负面清单准入为标准，并逐步缩短负面清单，扩大服务业的对外开放。在这方面，自贸区应先行一步。

此外，在服务业领域，我们仍需善于学习相关领域的国际先进经验，因时因地主动开放，甚至单边开放。最近中国在这方面已经有一些举措，例如旅游签证的放宽，即使某些国家没有给予我们对等签证，我们也主动先行一步。因为我们已经认识到，对外开放对我们是有利的。另外，正如刚才提到的，我们需要加快城市化进程，合理提升城市密度和聚集效应，从而降低服务消费的成本。

第二个支柱是在要素侧，以城乡融合和权利平等的基本公共服务为重点，全面提升人力资本。我们现在可能需要转变一个观念。例如，一提到提供基本公共服务，特别是服务消费，很多人会担心我们是否会养懒人，因为欧美国家的福利体系确实曾出现过类似问题。然而，这条路我们仍然要走，关键是要走对。建立社会保障体系的真正目的，实际上是提升人力资本的重要途径。通过社会保障体系，我们可以增强劳动者的稳定性和流动性。医疗水平的提升可以增强人们的健康水平，而教育培训则尤为重要，特别是在技术革命快速变化的背景下，教育培训可以增强劳动者的职业转换能力。

过去很长一段时间，政府的重点是基础设施投资，即物质资本投资。许多人认为投资就是物质资本投资，而提供基本公共服务似乎不被视为投资。实际上，人力资本投资也是投资，也许有人会说，搞一个项目，可以看得见成果，但搞基本公共服务，钱花出去了却看不见成效。

然而，真的看不见吗？大家应该看到的是人们生活水平的提升，他们的体力、智力、社会流动性和创造力的增强，这些都是人力资本的体现。事实上，我们的物质资本最终也是为人服务的。因此，一个强大的社会保障体系不仅有利于扩大消费需求，加快城市化步伐，还有助于发展全国统一市场，避免劳动力市场的僵化，并为低效和无效的过剩产能退出创造条件。

第三个支柱是在产业侧。各种所有制投资者和各类企业公平竞争，企业能够自由进退，推动产业在价值链中高端转型升级，实现创新驱动。在这方面，我认为有几个关键点。所谓产业升级，最重要的还是技术含量和附加价值的提升。可比较的指标是行业的要素生产率[3]和劳动生产率的变动。正如我刚才提到的，首先，要依法长久可信地保护各种所有制的产权，促进各类企业平等发展和共同竞争。其次，要取消不合理的优惠政策洼地，推动全国统一尺度、效率导向的公平竞争。党的二十届三中全会特别强调了这一点，包括税制方面。竞争无疑是要鼓励的，但必须凭真本事，不能再依赖各种优惠政策。

最近几年，包括疫情期间，我们的重点是稳增长、保企业、保就业，一些落后的生产能力实际上并未被淘汰。当经济回归常态、进入常规增长后，我们追求高质量发展，那些低效和无效的过剩产能就需要逐步退出。这个问题是无法回避的，上面提到的社会保障制度建设实际上也是为解决这方面的问题形成配套条件。

刚才提到的三个支柱中，第一个是发展型消费。发展型消费的目的是提升人力资本。通过提升人力资本，推动创新驱动的产业转型升级。创新驱动的产业转型升级后，整个社会的财富和收入都会增加，从而进一步扩大消费，形成一个正向循环。我认为，这是中国经济下一步应该争取的高质量经济运行新循环。

最后再讲一点，现阶段推动改革，仍需特别重视"摸着石头过河"。有些同志可能会说，改革开放已经40多年了，怎么还要摸着石头过河？但我们需要明确什么是"摸着石头过河"。改革开放40多年，在不同的时期我们要面对不同的"河流"，这些"河流"都是以前未曾遇到过的，都面临着具有不确定性、需要深入探索"试错"才能解决的问题。改革开放初期，我们面临的问题是农村能否实行联产承包责任制？深圳能否设立特区？现在这些问题已经不再是问题了。

现在的问题是，我国的消费率如此之低，如何将其提升到正常水平？如何推动创新？如何让人们有信心、有预期，从而实现高质量发展？等等。这些都是以前从未遇到过的问题。因此，我们仍然需要重视地方基层、企业和个人的积极性与创造性。

在这个过程中，我认为有两类人特别重要：一类是企业家，另一类是地方的主要领导者。回顾中国特色社会主义市场经济体制的发展，我们会发现，一个好的地方领导者，如果具备具有开拓创新的企业家精神，这个地方的面貌可以完全不同。因此，企业家和地方主要领导者是中国特色市场经济发展的两个"关键少数"，或者说两台发动机。需要找到有效机制，让这两台发动机的活力和创新精神得以焕发，激励他们试错和探索，不能躺平，不能因为怕出事而不干事，安于现状不求进取。

总之，学习贯彻党的二十届三中全会的改革部署和要求，不能仅仅通过文件来落实文件，需要顶层设计。顶层设计要解决两个问题：第一是指方向。朝哪个方向走，不能搞错；第二是划底线。明确哪些事情不能做，哪些不利局面要避免。在此基础上，我们还会面临大量未知和不确定的问题，这就需要重视地方、基层、企业和个人的积极性与创造性。既要做好规定动作，也要允许和鼓励自选动作，通过改革和创新的方法，将党的二十届三中全会精神落到实处。

注释：

【1】GDP 平减指数：GDP 平减指数就像国家的"物价体温计"，用来测量整体经济中所有商品和服务的价格变化。举个例子：假设去年生产了 100 个苹果，每个 1 元，名义 GDP 是 100 元；今年产量还是 100 个，但每个涨到 1.1 元，名义 GDP 变成 110 元。如果只算产量（实

际 GDP）还是 100 元，那么平减指数就是 110 元 /100 元 × 100=110，说明物价平均涨了 10%。

和日常买菜用的 CPI（居民消费价格指数）不同，它不只关注消费品，还包括机器设备、政府修路、出口商品等所有经济活动中的价格变动。政府用它来判断经济是通胀（物价普涨）还是通缩（物价普跌）。如果指数持续上涨，说明国家整体物价水平在升高；如果下跌，可能意味着经济遇冷。

【2】规模经济：规模经济就像"买奶茶优惠装"——买得越多，单杯越便宜。比如奶茶店每天生产 100 杯时，每杯成本 10 元；如果扩大生产到 1000 杯，分摊房租、设备等固定成本后，每杯可能降到 6 元。

关键原理有三点：

分工更高效：就像小组作业分工明确效率高，工厂扩大后工人专注特定环节，熟练度提升；

批量采购省钱：一次买 100 吨钢铁比买 1 吨单价更低，大企业采购原材料有议价权；

技术摊薄成本：汽车厂花 1 亿建生产线，生产 10 万辆时每辆车分摊 1000 元，若生产 50 万辆时每辆车就只需分摊 200 元。

但规模不是越大越好，若管理混乱（如班级人太多纪律差）或市场需求不足，反而会成本上升，这叫"规模不经济"。

【3】要素生产率：要素生产率可以理解为"投入产出的效率"，就像种地时比较"花了多少力气"和"收了多少粮食"。它分为两种：

一是单要素生产率。比如"劳动生产率"：同样 10 个人种地，去年收 1000 斤，今年用新农具收了 1200 斤，多出的 200 斤就是劳动效率提升的体现。

二是全要素生产率。假设农民还是 10 人，土地和肥料也没变，但因为用了更科学的种植方法，今年多收了 5% 的粮食——这 5% 就是全要素生产率提升的结果。它反映技术进步（比如智能农机）、管理优化（比

如分工更合理）等"看不见的进步"。就像手机升级芯片后更省电、
性能更强，全要素生产率提升能让经济"用同样的资源创造更多价值"，
是国家突破发展瓶颈的关键。

正确认识和应对少子化、老龄化

蔡昉

中国社会科学院学部委员、原副院长。主要从事人口和劳动经济研究，近年出版《中国经济的未来可能性》《新人口红利》等专著。曾获中国经济理论创新奖、孙尚清发展知识研究与交流奖、中国出版政府奖等奖励。

在 2023 年 5 月召开的二十届中央财经委员会第一次会议上，习近平总书记深刻阐明了我国人口发展呈现的少子化、老龄化、区域人口增减分化的趋势性特征，提出认识、适应、引领人口发展新常态、以人口高质量发展支撑中国式现代化的新要求。党的二十届三中全会围绕促进人口高质量发展，提出以应对少子化、老龄化为重点完善人口发展战略，健全覆盖全人群、全生命周期的人口服务体系，深刻理解和把握我国人口变化趋势性特征体现的一般规律和特殊国情，有助于深入贯彻落实以习近平同志为核心的党中央作出的一系列重大部署，实现以人口高质量发展支撑中国式现代化的目标。

一、"未富先老[1]" 成新国情

各国现代化过程中人口发展的共同特征之一，就是总和生育率[2]（妇女终身生育孩子的平均数）逐步下降，进而导致人口自然增长相继经历减速、停滞和转负的不同阶段，在这个阶段变化过程中，人口结构呈现出少子化和老龄化的特征。我国在 2020 年全面建成小康社会，转向全面建设社会主义现代化国家新征程之际，人口发展也进入新阶段，呈现出一系列趋势性特征。对人口变化的重要趋势性特征作出正确判断和准确理解，是在实践中适应和引领人口发展新常态的认识前提。

长期低生育率导致的少子化，是人口转变的主要表现和必然结果，也是人口发展呈现新特征的基础性原因。生育率下降是人口转变的基本驱动力，是经济社会发展的必然结果，同时也受特定人口政策的影响。

改革开放以来我国的经济增长和社会发展，以及计划生育政策的有效实施，都通过生育率的下降促成了人口转变。早在1992年，我国总和生育率便降低到2.1这个可以保持人口总量稳定的更替水平之下，并在随后的时期里持续降低。第七次全国人口普查数据显示，2020年我国的总和生育率已经降到1.3，并在之后进一步降低。长期的低生育率使得人口出生率下降，进而呈现出少子化特征。在1992—2023年期间，我国人口出生率从18.24‰降低到6.39‰；在同一时期，当年出生人口数从2119万降低到902万，0—14岁儿童人口从3.23亿减少为2.31亿。

人口老龄化是现代化过程中不可避免的趋势，归根结底要在发展中予以积极应对。出生率下降和出生人口减少，相应改变了人口的年龄结构，总体表现为老年人口占比不断提高。可以说，人口转变的自然结果就是人口老龄化，而老龄化水平通常也同按照人均国内生产总值（GDP）衡量的经济发展阶段相对应。参照国际上通行的阶段划分标准，可以观察到我国经济发展阶段和人口老龄化经历的变化，以及呈现出国情决定的特殊性。

第一，65岁及以上人口比重（以下简称"老龄化率"）超过7%，标志着一个国家成为"老龄化社会"[3]，或进入轻度老龄化阶段。被世界银行划分在低收入组和中等偏下收入组的国家，2023年平均老龄化率分别为3%和6%，总体而言都未进入到老龄化的这个阶段。与之相比，我国于 2000 年在即将成为中等偏下收入国家之际（当年按现价算，人均 GDP 为 959 美元），就已领先于相同发展阶段的其他国家和地区，跨过这一老龄化社会的门槛。

第二，老龄化率超过 14% 标志着一个国家成为"老龄社会"，或进入中度老龄化阶段。2023 年中等偏上收入国家的平均老龄化率为 12%，而我国在 2021 年进入老龄化这个阶段时，按现价算人均 GDP 即达到 12618 美元，已经高于中等偏上收入国家的人均 GDP 平均水平。

第三，老龄化率超过 21% 标志着一个国家成为"高度老龄社会"，或进入重度老龄化阶段。2023 年高收入国家的平均老龄化率为 19%，说明该收入组的很多国家都已经成为高度老龄社会。根据国家卫生健康委员会中国人口与发展研究中心的预测，2032 年，中国在即将成为中等发达国家[4]之时，将进入老龄化的这个阶段。

习近平总书记强调，我国人口少子化、老龄化发生在现代化完成之前，这会带来一些新的困难和挑战，要积极加以应对。我国在改革开放时期，在创造了高速经济增长和社会长期稳定两个奇迹的同时，也经历了人类历史上最大规模和最迅速的人口转变。经济社会发展与人口转变之间存在着相对的不平衡，所以呈现出的低生育率、少子化、老龄化、总人口负增长、区域人口增减分化等趋势性特征，可能成为阻碍发展的因素。因此我们应该认识到，一方面，"未富先老"成为我国一个新的国情特点；另一方面，在 2035 年基本实现现代化，成为中等发达国家目标之前，我国的发展将始终伴随着老龄化和未富先老，要抓住关键窗口期应对挑战。

区域人口增减发生明显分化，改变了地区之间的人口布局，给经济发展和基本公共服务供给带来挑战。区域人口增减分化现象是由各地区在人口转变和经济社会发展方面存在的差异决定的。从统计上看，国内各地区间的人口增长情况受到两个变化趋势的影响。一方面，人口自然增长率（即出生率和死亡率之差）影响区域人口增减；另一方面，人口机械增长率（即迁入率与迁出率之差）影响区域人口增减。由于地区间存在着诸如生育水平等人口因素、GDP 增长率等经济因素，以及基本公共服务保障水平等社会因素方面的差异，产生人口增减分化现象是难免的。关键是在推进区域均衡发展的过程中，应该将这种分化现象作为一个新的挑战因素，在政策部署和制度建设中予以充分考虑和恰当应对。

二、积极打造生育友好型社会

人口发展是关系中华民族伟大复兴的大事，人口发展质量关乎中国式现代化的进程和成色。在不同的发展阶段，我国人口变化趋势都对发展方式以及发展成效产生影响。这种人口与发展之间的关系表现，既有与各国现代化一般规律相一致的方面，也表现出我国国情决定的自身特色。认识事物变化的一般性和特殊性，有利于实现理念的转变、制定出有针对性的政策、实现党中央提出的完善人口发展战略的意图。

在我国改革开放的前 30 年里，15—64 岁劳动年龄人口增长最为迅速，0—14 岁和 65 岁及以上非劳动年龄人口数量则基本稳

定。不同年龄组人口增长率的这种"剪刀差"形状表明，非劳动
年龄人口与劳动年龄人口之间的比率即人口抚养比，不仅较低且
逐年有所下降，人口结构呈现出"生之者众、食之者寡"的特征。
与之相伴的劳动力充分供给、人力资本迅速改善、储蓄率和投资
回报率保持在较高水平，以及劳动力流动和重新配置带来的生产
率大幅提高，都为经济高速增长提供了人口红利。然而，这种人
口红利只是特定人口转变阶段的产物，并不是永恒的。因此，随
着老龄化程度的加深，影响经济增长的人口趋势必然发生变化。
与此同时，新的社会发展阶段也对我国经济发展提出新的要求。

在这个过程中，我国劳动年龄人口跨越了从增长到减速再到
绝对减少的若干转折点，对经济发展方式转变和增长动能转换
提出紧迫要求。其间至为重要的转折点，表现为 15—64 岁劳动
年龄人口在 2013 年达到峰值后转入负增长，并在到 2023 年的 10
年里以年均 4.87‰ 的速度减少。相应地，人口抚养比从 35.3％ 提
高到 46.5％，提高幅度超过 11 个百分点。大约在同一时期，我
国经济发展进入新常态，特征之一便是在更高发展阶段以及更大
经济总量基数上，增长速度出现下行趋势。这种增长速度的一定
减缓，是发展阶段变化的正常现象，与人口变化趋势密切相关，
即传统人口红利的消失。

随着我国总人口从 2022 年开始进入减量阶段，劳动年龄人
口减少的速度将进一步加快，呈现出人口发展的一个阶段性现
象。与此同时，这与我国经济从高速增长阶段转向高质量发展阶
段的趋势也完全对应，要求发展方式和增长动能进一步转换到更
可持续的轨道上。换句话说，人口趋势性特征与经济发展新常态
叠加出现的新情况，对继续深化供给侧结构性改革、加快培育和

形成新质生产力，提出了更加迫切的要求。同时，人口进入负增长和中度老龄化阶段，也要求更加注重社会总需求结构平衡，加快培育完整内需体系，完善扩大居民消费的长效机制。

跨国数据显示，人口负增长和更深度老龄化会产生抑制社会总需求特别是消费需求的效应。一些国家的经验则表明，从中等收入阶段跨入高收入阶段并巩固在高收入国家行列的地位，打破这一需求制约至关重要。对我国来说，一方面，发展方式转变的一个重要目标，是促进需求"三驾马车"结构的进一步均衡，使居民消费发挥更大的作用，以保持经济增长需求拉动力的强劲和可持续；另一方面，在人口总量减少和抚养比提高的情况下，稳定和扩大居民消费又要求进一步推进相关领域改革，切实实施更有针对性的宏观经济政策和社会政策，特别是要着眼于把满足国内需求作为发展的出发点和落脚点，增加城乡居民收入，改善收入分配，加强普惠性、基础性、兜底性民生建设，通过消费能力的增强和消费意愿的提高，有效激发居民消费潜能。可见，人口支持政策，归根结底是把生育友好和积极应对老龄化作为红线，在宏观经济政策和社会政策实施中贯穿始终。

党的二十届三中全会做出以应对老龄化、少子化为重点完善人口发展战略的部署，既规定了"一老一小"两个重点，也规定了"两点一线"之间的全生命周期覆盖率。在中长期规划中体现这种规定性，就能在执行过程中做到抓纲带目、纲举目张。鉴于人口各个年龄阶段之间具有内在的联系，既体现人口各生命阶段的特点，也反映与之相对应的经济社会活动的特点。因此，在完善人口发展战略框架下制定中长期人口规划，应该特别强调每个生命阶段之间的有机衔接和相互影响。

应对少子化、推动生育率向更可持续的水平回升，要求从整体经济社会发展出发创造"外溢"效应。中外经验表明，生育率是下降还是回升，经济社会条件不尽相同，政策效力往往有所差异。一般来说，经济发展水平的提高是生育率下降的直接推动力，因果关系直截了当，变化方向清晰而执着。与此同时，包括性别平等在内的人类发展水平提高，是生育率回升的必要条件，虽然不是充分条件。为了推进人类发展水平的持续提高，需要在社会福利体系的完善和均衡方面持之以恒，特别着眼于降低生育、养育和教育成本，持久培养居民稳定预期，以期正面影响人们的生育行为。

不断扩大的老年人口规模和持续提高的人口抚养比特别是老年人口抚养比，要求更加积极应对老龄化，加快发展养老事业和养老产业。广义而言，人口支持政策体系乃至基本公共服务供给体系，同时体现在作为公共品供给的事业发展，以及作为市场经济活动的产业发展之中，均具有明显的外部性或涉及社会整体的收益。2023 年，我国 65 岁及以上人口达到 2.17 亿，根据中国人口与发展研究中心的预测，预计到 2032 年老年人口将达到 2.93 亿，同期老年人口抚养比将从 22.5%提高到 31.1%。积极应对人口老龄化，最紧迫的任务和最优先的目标，就是因应大龄劳动者的就业需求和老年人的基本养老需求，提高社会养老保障及其覆盖率和均等化水平，发展银发经济[5]和照护产业，增加养老服务供给，提高大龄劳动者的劳动参与率，努力实现老有所养、老有所为、老有所乐。

三、抓住完善人口发展战略的机会窗口

在推动中国式现代化的进程中，特别是在 2035 年基本实现现代化、按人均 GDP 衡量达到中等发达国家水平的这个阶段，我国经济仍将保持长期向好的基本面、强大的韧性和活力，以及充足的增长潜力，实现质的有效提升和量的合理增长的统一。在这一进程中，持续推进供给侧结构性改革，将更充分释放劳动力丰富的传统优势潜力，为发展方式转变和增长动能转换赢得时间。促进新要素和新要素组合，因地制宜发展新质生产力，将推动经济增长转向新动能轨道，从而提高全要素生产率，增强潜在增长能力。深入实施扩大内需战略和持续改善民生，将显著增强消费需求及其引导的投资需求，从而推动以强大的内需实现潜在增长率。

按照要素供给潜力和生产率提高趋势预测，我国经济的潜在增长率仍然足以支撑经济增长速度保持在合理的区间。如果能够实现这一潜在增长速度，我国就能够在 2035 年实现按人均 GDP 标准成为中等发达国家的目标，为基本实现现代化打下成色十足的物质基础。

我们可以从三个方面理解上述增长潜力预测结果。第一，从当前到 2035 年，我国正处在进入高收入国家[6]行列，并进而成为中等发达国家的经济发展阶段，以及从中度老龄化到重度老龄化的人口转变阶段。预测的潜在增长率，明显高于处在相同老龄化阶段（即老龄化率在 14%—24% 之间），以及处在相同人均 GDP 阶段（即人均 GDP 在 12000—24000 美元之间）国家和地区

的实际增长率。

第二，供给侧结构性改革在关键领域推进的力度和成效，可以分别从要素供给和生产率提高两个方面创造真金白银的改革红利，提高潜在增长率的水平，并且这个提高幅度即改革红利没有上限。

第三，我国在推进14亿多人口共同富裕的现代化过程中，始终具有超大规模市场的内需优势，通过在发展中保障和改善民生，用市场化办法激发需求和优化供给，经济增长潜力便可以转化为现实经济增长。

合理、合意和可持续的经济增长，将为扩大基本公共服务供给奠定坚实的物质基础。在更高的发展阶段上，加强普惠性、基础性、兜底性民生建设，提供更多和更高质量的公共品，既是以人民为中心的发展思想的具体体现，也是遵循尽力而为、量力而行原则，在发展中保障和改善民生的必然要求。经历过现代化这个阶段的国家，通常也显示了公共品供给扩大，并且在提高人民生活品质中发挥更大作用的共同特征。以应对老龄化、少子化为重点，覆盖全人群、全生命周期的人口支持政策体系，涉及基本公共服务诸多关键领域的完善和改革，与健全社会保障体系、改善基本公共服务供给的目标完全一致、路径高度重合、很多政策措施也可以达到毕其功于一役的效果。

经济增长的做大"蛋糕"效应和基本公共服务供给改善的分好"蛋糕"效应，有助于在应对人口结构新变化中具有足够回旋余地，在运用政策中产生削峰填谷效应。虽然少子化和老龄化都带来挑战，但在我国目前所处的人口转变阶段，在老龄化提高人口抚养比的同时，少子化具有降低人口抚养比的效果，因而两者之间具有一定程度的相互抵消关系。这样，从整体效果上来看，"生之者众、食之者寡"的人口结构，尚不会一下子便转化为"生之者寡、食之者众"。

例如，今后在一段时间里，虽然老年人口抚养比提速快、增幅大，由于少年儿童人数的减少和少儿人口抚养比的迅速降低，可以在很大程度上缓解老龄化带来的压力。根据中国人口与发展研究中心的预测，在 2023—2035 年期间，我国老年人口抚养比预计提高 13.9 个百分点，由于少儿人口抚养比同期降低 8.1 个百分点，使总体人口抚养比的提高幅度相对和缓，仅为 5.8 个百分点。这意味着，在包括人口支持政策在内的基本公共服务供给体系中，有条件也有必要不断提高资源整合水平和统筹配置层次，特别注重优化存量资源的使用和增量资源的配置，以此支撑全生命周期的基本公共服务供给，实现提升全人群福祉水平的目标。

四、完善人口发展战略的政策着力点

以应对老龄化、少子化为重点完善人口发展战略，促进人口高质量发展，要求以系统观念统筹谋划，按照全局性、综合性的要求拓展工作思路的深度和工作领域的广度，更加重视采用引导和激励的办法，通过体制机制创新和改革，健全覆盖全人群、全生命周期的人口服务体系，并与普惠性、基础性、兜底性民生建设共同进行顶层设计，同步推进政策实施和制度建设。按照以"一老一小"为重点、"两点一线"覆盖全人群、全生命周期的理念，可以从以下三个处在不同生命周期的关键阶段——培育人力资本阶段、就业创业阶段，以及老有所养、老有所为、老有所乐阶段，找准政策的着眼点和发力点。

首先，以生育、养育、教育阶段为重点，提高基本公共服务供给和覆盖水平，同步实现降低"三育"成本、提高生育意愿和生育率，进而全面提升人口素质的任务目标。在高速增长阶段，普及九年制义务教育和扩大高等院校招生规模，以人力资本的大规模和大幅度提升，构成人口红利的重要组成部分，对经济增长做出明显的贡献。在高质量发展阶段，依靠劳动力数量的传统人口红利虽然消失，但更高人力资本构成的新人口红利，仍有巨大的提升余地和贡献空间。

一是加快完善生育支持政策体系和激励机制，在政府、社会、家庭之间形成激励相容、治理协同和推动同步的局面，建设生育友好型社会，促进家庭生育意愿与社会适度生育率最大限度的一致性。国际经验显示，总和生育率 2.1 这个更替水平，不仅是保持宏观人口稳定的社会目标，也是家庭普遍期望的孩子数。实际生育率偏离这个水平，或家庭期望生育意愿与实际孩子数不一致，根源便是家庭和社会之间的激励不相容。因此，持续推出生育友好型政策，必然包括降低"三育成本"在内的基本公共服务服务范围扩大和均等化供给，有助于提高激励相容的水平，达到提高生育率的目标。

二是通过提高生育和养育服务及其成本的公共化水平，提升生育全程基本医疗保健服务能力，统筹育幼资源使用，完善生育休假制度，加大个税抵扣力度，在降低服务成本的同时提高服务质量。既然提高生育率作为社会目标，说明提高人口再生产的可持续性具有正外部性，符合全社会长期、共同利益，因此，与之相关的产品和服务具有公共品的性质。诚然，在现代化过程中，公共品供给规模和范围的扩大是一个一般规律，中国面临的未富先老挑战，无异于指出了扩大公共品供给的优先领域——建立和完善人口再生产支持政策体系。

三是因应人口发展趋势性特征对教育发展和人力资本培育方式提出的新要求，深化教育综合改革，加大资金投入和各方面资源统筹力度，扩大各级各类优质教育供给，逐步把教育向学前乃至托幼阶段前移，提高高中阶段教育免费范围和普及率，让教育和培训贯穿劳动者就业全过程，在全生命周期培育人力资本。为了开启新人口红利、保持经济增长速度，培育新人力资本是关键抓手。

在以人工智能发展为特征的技术变革中，人力资本积累的性质发生了两个变化：一是从人与人之间的人力资本禀赋竞争，越来越转化为人类智力与人工智能之间的竞争；二是应对人工智能冲击的人力资本，越来越需要在全生命周期的每个阶段，覆盖以"一老一小"为两极的所有年龄。这两个新特征都意味着，教育的公共品性质更加突出，政府在终身学习体系中的支出责任更加重要。

其次，加快培育现代化急需的人力资源，提高劳动力的配置效率和匹配水平，解决好结构性就业矛盾。随着劳动年龄人口和总人口相继转向负增长，我国就业的总量性矛盾有所缓解。与此同时，就业形势也呈现新的变化，突出表现在以下两个方面。一方面，在人口发展呈现新的趋势性特征条件下，青年就业群体受教育程度高却缺乏工作经验，大龄劳动者工作经验丰富却受教育程度低，因而都面临更大的就业困难；另一方面，技术变化和经济数字化转型对人力资本的要求不断提高，与劳动者存量结构产生矛盾，也引起就业形态变化。

随着上述两方面因素对就业的影响逐步加深、加大，我国就业的结构性矛盾便日益突出。从应对政策的角度，这要求完善就业优先战略，丰富积极就业政策内涵，充实宏观经济政策工具箱。从政策辅助对象来看，更加关注各类青年就业人口和大龄劳动者等重点群体。在此基础上，着力解决人力资源供需不匹配的矛盾，通过提供更加精准对路的公共就业服务，帮助劳动者获得新技能并增强就业适应能力，从破解"有活没人干"入手，解决"有人没活干"的问题。

最后，以发展养老事业和养老产业为核心，满足老年人的基本养老保障和基本养老服务需求，提高老年人群的生活品质。实现老有所养、老有所为、老有所乐，不仅是增进老年人福祉的必然要求，也是通过充分发挥大龄劳动力的庞大人力资源和老年人口的消费力，让大龄人群和老年人群体发挥出"银发力量"的关键之举。因此，积极应对老龄化的政策领域跨越社会保障政策、宏观经济政策和产业政策，需要在目标和手段相一致的前提下协同发力。

推进实现完善人口发展战略的重要目标，必须关注大龄人群和老年人群体。一是提高基本养老保险和服务的供给水平、覆盖率和均等化程度，确保老年人生活品质的提高与现代化进程同步推进。二是创造条件增强大龄劳动者的就业意愿和就业能力，提高老年人的经济社会参与水平，为有意愿的老年群体创造多样化、个性化的就业岗位和社会活动形式，扩大和延续人口红利。三是促进银发经济发展，满足老龄社会的特殊消费需求，在免除老年人后顾之忧的前提下，持续发挥他们作为消费者的积极功能。

注释:

【1】未富先老:是指一个国家或地区在经济发展水平尚未达到高收入阶段时,人口老龄化问题已经提前出现并加剧的现象。这种现象通常发生在经济发展与人口结构转变不匹配的情况下,导致社会面临养老、医疗和社会保障等方面的巨大压力。主要特征为人均 GDP 和收入水平尚未达到高收入国家标准;65 岁及以上人口比例超过 7%,进入老龄化社会。

【2】总和生育率:是人口统计学中的一个重要指标,用于衡量一个国家或地区在特定时期内(通常为一年)每位育龄妇女的平均生育子女数。它反映了人口的生育水平,是预测未来人口变化的重要依据。

【3】老龄化社会:是指一个国家或地区的人口结构中,老年人口(通常指65岁及以上)占总人口的比例达到较高水平的社会现象。老龄化社会是人口转变过程中的一个重要阶段,通常伴随着生育率下降和人均寿命延长。

【4】中等发达国家:是指经济发展水平、工业化程度、生活质量和社会福利等方面介于发达国家和发展中国家之间的国家。这些国家通常已经脱离了低收入阶段,但尚未完全达到发达国家的标准。

【5】银发经济:是指以满足老年人需求为核心的经济活动及相关产业的总称。随着全球人口老龄化加剧,老年人口比例不断上升,银发经济逐渐成为一个重要的经济增长点。银发经济涵盖了老年人的生活、健康、娱乐、金融等多个领域,旨在为老年人提供高质量的产品和服务。

【6】高收入国家:高收入国家是世界银行根据人均国民总收入(GNI)对国家进行分类的最高等级,规定人均 GNI 超过 13845 美元(2023 年标准)就是高收入国家。高收入国家通常具有较高的经济发展水平、完善的基础设施、先进的社会福利体系和较高的生活质量。

第四讲

关键在增强地方财政自主性

高培勇

中国社会科学院学部委员、第十三届全国政协经济委员会委员。兼任国务院学位委员会委员、孙冶方经济科学基金会副理事长、国家"十四五"规划专家委员会委员。曾任中国社会科学院副院长、中国社会科学院大学党委书记。

2025 年经济工作，特别是宏观调控的大政方针已经确立：以超常规逆周期调节定调，在更加积极有为的宏观政策下，实施更加积极的财政政策和适度宽松的货币政策。

接下来的任务，无疑是抓紧"落实、落细、落到位"。为此，不仅要明确过河的方向，还要找到过河的"船和桥"。

问题在于："船和桥"在哪里？中央经济工作会议部署的更加积极的财政政策共包括 6 条具体举措：（1）提高财政赤字率；（2）加大财政支出力度；（3）增加发行超长期特别国债；（4）增加地方政府专项债券发行使用；（5）优化财政支出结构，提高资金使用效益，更加注重惠民生、促消费、增后劲，兜牢基层"三保"底线；（6）党政机关要坚持过紧日子。可以发现，财政政策由"积极"迈向"更加积极"，其间绕不开、躲不过，必须直面的一个基础条件，就在于地方财政健全运行。

换言之，夯实更加积极财政政策的地方财政基础，就是最为关键的"船和桥"。

一、地方财政是实施更加积极财政政策的基础

提及地方财政，与之紧密相关的概念至少有两个：中央财政和全国财政。那么，在实施更加积极的财政政策过程中，为什么

如此强调地方财政而非中央财政和全国财政呢？

对此，有四个方面的基本事实需要深入理解和把握。

事实之一：在中央经济工作会议围绕实施更加积极的财政政策而部署的6项具体措施清单中，从提高财政赤字率，到加大财政支出力度，再到发行超长期特别国债、增加地方专项债券发行使用，再到优化财政支出结构、党政机关坚持过紧日子等，几乎全部内容都要落地于地方财政层面，几乎所有举措都要通过各级地方财政操作加以实现。

常识告诉我们，宏观政策必须传递到微观层面，只有传递到微观层面才可能产生应有的功效。就此而言，地方财政可以说是实施更加积极财政政策过程中的焦点所在。

事实之二：在2024年全国一般公共预算支出285490亿元的总盘子中，其中的243470亿元系地方财政支出，占比高达85.28%。对比之下，其余的中央本级财政支出42020亿元，占比14.72%。也就是讲，全国一般公共预算每支出100元，其中的85.28元就出自地方一般公共预算。

从地方财政支出占全国财政支出的绝大比重来看，可以认为，地方财政运行好坏直接反映和决定着全国财政运行状况。抓住了地方财政，也就在相当程度上抓住了财政工作全局。就此而言，地方财政实际上是实施更加积极财政政策过程中的重点所在。

事实之三：在地方财政支出规模243470亿元、占比高达85.28%的同时，地方自主财力只有121525亿元，占其自身支出的比重为仅49.91%。其余的121945亿元（占比50.09%），分别来自转移支付[1]102037亿元、调入及使用结余12708亿元、地方债券 7200 亿元。

地方自主财力占比偏低，一半以上的支出财源要靠非自主财力。地方财政运行的确定性、稳定性、可预见性相对偏低。就此而言，如同居家过日子，地方财政既是当前中国财政运行的薄弱地带，也是实施更加积极财政政策过程中的痛点所在。

事实之四：在 2024 年 9 月 26 日中央政治局果断部署的一揽子增量政策中，"史上最大规模地方政府债务化债方案"无疑是涉及范围最广、产生影响最大、最引人关注的一项。化债功效如何，在很大程度上反映和决定着一揽子增量政策目标的实现。

比如，化债资金能否确保专款专用而不被挪用、滥用？围绕化债的相关操作能否在尽可能减少副作用的同时，确保其效益大于成本？诸如此类的问题，在很大程度上取决于地方财政管理能否跟上、地方财政运行是否健全？就此而言，地方财政可谓实施更加积极财政政策过程中的难点所在。

事实提示我们，地方财政收支运行格局是否规范、是否健全，对于实施更加积极的财政政策，确保党中央的各项决策部署落到实处、落实到位，至关重要、十分关键。所谓"基础不牢，地动山摇"，恰如其分地揭示了地方财政在实施更加积极财政政策过程中的基础性作用。

二、关键在于增强地方财政自主性

（一）在进一步全面深化改革中夯实地方财政健全运行的体制机制基础

毫无疑问，地方财政的健全运行要靠制度建设，靠得住的也是制度建设。这意味着，能否在进一步全面深化改革中夯实地方财政健全运行的体制机制基础，不仅直接关系到深化财税体制改革以及进一步全面深化改革目标的实现，而且决定着更加积极财政政策的实施功效。

进一步说，地方财政制度的健全与完善与央地财政关系也就是财政管理体制改革高度关联，必须同央地财政关系改革大棋局联系起来，加以统筹推进。这又意味着，在实施更加积极财政政策的同时，必须同步展开央地财政关系的改革。

事实上，超常规逆周期调节相对于常规逆周期调节、更加积极的财政政策相对于积极的财政政策的最显著特点，就在于既靠政策操作，又靠改革行动，坚持"双引擎"同向发力。

对此，中央经济工作会议已经作出了一系列专门部署。不仅要"注重各类政策和改革开放举措的协调配合，放大政策效应"，而且将"发挥经济体制改革的牵引作用，推动标志性改革举措落地见效"列作 2025 年经济工作的 9 项重点任务之一。其中的一项标志性改革举措，就是"统筹推进财税体制改革，增加地方自主财力"。

（二）地方财政自主性与分税制[2]：一体两面的关键议题

在"增加地方自主财力"这一标志性改革举措表述中，最重要的关键词在于"自主"二字。以增加地方的自主财力而非增加一般意义的财力为导向，旨在表明，同 2025 年经济工作相伴而行的这一轮央地财政关系改革，是奔着增加地方财政自主性而去的。重在自主，贵在自主，核心和灵魂在于自主。

由"自主性"想到"分税制"，可以确定不疑的一点是：两者之间实系同一问题的两个方面。或者，两者实系同一枚硬币的两个方面。

作为1994年财税体制改革的权威文献之一，1993年国务院颁发的《国务院关于实行分税制财政管理体制的决定》，曾对分税制财政管理体制做出过如下描述：

"按照中央与地方政府的事权划分，合理确定各级财政的支出范围；根据事权与财权相结合的原则，将各种税统一划分为中央税、地方税和中央地方共享税，并建立中央税收和地方税收体系，分设中央与地方两套税务机构分别征管；科学核定地方收支数额，逐步实行比较规范的中央财政对地方的税收返还和转移支付制度；建立和健全分级预算制度，硬化各级预算约束"。

可以发现，分税制并非舶来品，其核心要义，就在于通过分事、分税、分权，提高中央和地方两个积极性。这与增加地方财政自主性的目标无疑是一致的，具有异曲同工之处。

（三）增加地方财政自主性契合分税制的改革方向

说到这里，有必要进一步提及如下几个基本事实：

其一，1994年迄今，中国的财政管理体制一直以分税制冠名。

其二，2015年实施的《中华人民共和国预算法》第一章第十五条明确规定："国家实行中央和地方分税制"。

其三，2020年颁布的《中华人民共和国预算法实施条例》（以下简称"新《预算法实施条例》"）第一章第七条亦对中央和地方分税制作了具体阐释。

其四，从"十四五"规划到党的二十届三中全会，关于建立"权责清晰、财力协调、区域均衡的中央和地方财政关系"的战略部署，其靶向所指，就在于进一步健全和完善分税制。

其五，当前地方财政收支运行层面以及央地财政关系问题上所存在的几乎所有矛盾和问题，从根本上说来，均源自分税制落实不够全面、不够到位。

所有这些都启示我们，增加地方财政自主性系契合分税制改革方向的标志性改革举措。如何将中央经济工作会议所确定的增加地方自主财力任务与分税制财政管理体制的健全和完善联系起来，是实施更加积极财政政策的一个关键点和要害处。

三、亟待澄清分税制的几个基础理论问题

健全和完善分税制财政管理体制的关键，在于正本清源，准确把握分税制的内涵与外延。就此而言，如下几个基础理论问题当在亟待澄清之列：

（一）分税制不是分钱制

分税制是分钱制的对称。分税制系作为分钱制的对应体制而设计、奔着改变分钱制而去的。分税制的显著特征，应当也必须在同分钱制的比较分析中准确把握。

新中国成立以来至 1994 年之前，我国曾经实行的总额分成、分类分成、大包干等几种财政管理体制，在中央财政和地方财政之间所"分"或所"包"的，实质都是"钱"——财政收入。从根本上来说，都属于分钱制。

分税制与分钱制的根本差异在于分什么——作为分配对象的是税收要素还是税收结果？若打比方，这就如同农村联产承包责

任制改革的思维，改革前后所发生的最大变化，就在于由"分粮"变为"分地"。

相对于分钱制，分税制改革所带来的最大变化，就是变"分税收收入"为"分税收要素"。不能也不宜将分税制简单理解为分税收。

就税本、税源和税收之间的关系而论，如果作为分配对象的是最后一个层面的税收，那就和此前的总额分成、收入分类分成、财政大包干没什么不同。分税制显然讲的是对于前两个层面的分配，要么分税源，要么分税本。概括起来，就是"分税种"。

新《预算法实施条例》第一章第七条明确指出："预算法第十五条所称中央和地方分税制，是指在划分中央和地方事权的基础上，确定中央和地方财政支出范围，并按税种划分中央和地方预算收入的财政管理体制。"

在划分中央税、地方税和中央地方共享税的基础上，让中央和地方财政各自保持或拥有一个健全的收支体系，在一个相对稳定的体制条件下各过各的日子，是分税制的基本特征之一。

(二) 分级财政管理不是单级财政管理

在我们这样一个大国搞分级财政管理，不能建立在根据交办事务多少而拨付相应资金的基础上。那样做的话，分级财政管理很可能会蜕化为单级财政管理。

从财政运行规律上看，实行分级财政管理的基本原则，就是坚持一级政府、一级预算、一级财政。按照分级财政管理的原则分别建立起中央和地方各级次的健全的财政收支体系，在分级管理的体制条件下各过各的日子，是实行分级财政管理的基本前提之一。

就此而言，单级财政管理和分级财政管理绝对是两个不同的概念，不宜将两者混为一谈。

（三）转移支付并非越多越好

归纳起来，转移支付的基本功能主要是三个方面：一是实现区域发展均衡。从全国来看，区域发展不均衡，中央有责任支持发展相对慢一点、发展水平相对低一点的地区。所以，要给予转移支付。这是转移支付最重要的功能。二是完成中央交办的事务。有些中央的事权要委托给地方操作，让人家办事就要给人家带着钱。这如同母亲让你买瓶酱油，肯定要给你带上钱是一个道理。三是实现宏观调控。地方政府办了符合中央宏观调控意图的事务，就要给予相应的奖励。

这三个方面可说是转移支付的全部目的。就此而言，显然不是越多越好。目前地方财政支出的一半资金要依赖中央的转移支付，我们要对此打一个问号。

（四）税权[3]不等于财权

在我们这样一个单一制的国度，强调税收立法权高度集中于中央无疑是必需的。但是，税收立法权的高度集中绝不等于财政收支管理权不能下放给地方。相反，在坚持税收立法权高度集中的前提下，赋予地方政府相对独立的组织收支、平衡收支的财政收支管理权力，不仅是实行分级财政管理，而且是实行分税制财政管理体制的必要条件之一。

就此而言，恰当地区分税权和财权并按照不同的原则加以管理，其必要性不言而喻。不可把税权和财权混为一谈，更不可以税权高度统一要求财权高度统一。

四、将分税制改革进行到底

中央经济工作会议强调指出，要"针对制约发展的深层次障碍和外部挑战，坚定不移深化改革扩大开放"。紧抓关键环节完成好 2025 年经济工作重点任务，必须完整准确全面地贯彻分税制，将分税制改革进行到底。这既是中央经济工作会议所强调的标志性改革举措的一个重要内容，也是实施更加积极财政政策的当务之急。

（一）以发挥地方积极性为着力点和着重点

改革开放 40 多年的历史经验告诉我们，中国经济之所以能走出一条持续快速增长的轨迹，在很大程度上依赖于地方之间你追我赶、竞相迸发的竞争力。站在全面建设社会主义现代化国家新征程这一新的历史起点上，面对世界百年未有之大变局加速演进，我国发展进入战略机遇和风险挑战并存、不确定难预料因素增多的时期，需要应对的风险和挑战、需要解决的矛盾和问题比以往更加错综复杂，可以肯定地说，我们比以往任何时候都更需要地方的积极性。

毋庸赘言，地方积极性的调动和发挥须以能够全面反映地方实情、充分考虑地方利益的中央和地方财政关系格局为前提。将地方积极性同中央和地方财政关系格局两个方面的变化轨迹联系起来，可以清楚地看到，以往地方发展经济的积极性，在很大程度上源于中央和地方财政关系格局的合理调整和相对稳定。倘若没有旨在调动地方积极性的中央和地方财政关系合理调整的推动，倘若离开了有利于发挥地方积极性的相对稳定的中央和地方财政关系格局，且不说地方积极性的有效调动难以想象，中国经济的规模和质量也绝对达不到今天这样的程度。

同样的道理，全面建设社会主义现代化国家这一伟大而艰巨的事业，必须依赖于中央和地方两个积极性，必须建立在中央和地方两个积极性充分发挥的基础之上。认识到地方积极性的相对缺失系现实中央和地方财政关系格局中的短板弱项，相对合理且稳定的中央和地方财政关系格局又是激发和调动地方积极性的重要基础，在当前的中国，中央和地方财政关系格局的重塑，必须将着力点和着重点放在有利于发挥地方积极性上，聚焦于中央和地方财政关系的合理调整和相对稳定。

这固然需从多角度、多线索谋划和推动，但可以立刻提出的一个基本路径，即围绕中央和地方财政关系调整的行动方案，理应取得地方政府的广泛认同和积极配合，在中央和地方的有效互动中最终形成和实施。毫无疑问，能够取得地方政府广泛认同和积极配合的行动方案，可以在中央和地方的有效互动中最终得以落实，这肯定契合"有利于发挥中央和地方两个积极性"原则，也无疑体现本来意义的分税制财政管理体制要求。

（二）牵好健全地方财政体系这个"牛鼻子"

以发挥地方积极性为着力点和着重点重塑中央和地方财政关系格局，必须对主要矛盾与次要矛盾加以区分，同时也需要甄别矛盾的主要方面和次要方面。

从现行财政管理体制运行中折射出的种种矛盾和问题分析中，可以确认，地方财政体系不健全是个躲不开、绕不过的主要矛盾和矛盾的主要方面。所以，在涉及重塑中央和地方财政关系格局的行动中，健全地方财政体系是个非牵好不可的"牛鼻子"。

这是因为，有别于预算单位财务，作为一级政府财政的最基本内涵，就在于它同时拥有两种财权：相对独立的收支管理权和相对独立的收支平衡权。这两种财权，无疑要建立在健全的财政收支体系基础之上。以此为标准，可以立刻发现，脱离了健全的收支体系支撑的地方财政，肯定不是能相对独立地行使收支管理权和收支平衡权的地方财政，也肯定不是本来意义的分税制财政管理体制框架中的地方财政。

健全地方财政收支体系，首当其冲是健全地方税体系[4]。要以地方主体税种建设为重点，着力培育地方税源，进而形成能够支撑地方政府履行职能支出所需要的主要财源，适当降低地方财政对中央财政转移支付资金的依赖度。这不仅涉及比如房地产税等财产课税系税种的立法和开征、以所得税和财产税为主体的直接税体系建设，而且涉及共享税分享比例的稳定以及共享税同地方独享税种之间的关系、地方税政管理权的扩大。关键的问题是，应当在稳定税负的前提下通过此增彼减的结构性调整，允许地方根据一定的法规和程序开征一些地方新税种，允许地方在一定范围内适当调整相关税种税率及其他税制要素。

健全地方财政收支体系，也必须健全中央对地方转移支付制度。不仅要适当减少中央对地方转移支付的总体规模、适当降低其在中央财政支出和全国财政支出中的所占比重，而且，要在转移支付结构优化上持续发力。一方面，要着力压缩专项转移支付，相应增加一般性转移支付，增加地方财政合理调配资金的空间和能力；另一方面，也要通过减少并规范中央和地方共同事权，压缩一般性转移支付中的共同事权转移支付占比，同时减少对于一般性转移支付使用上的限制，使其真正发挥平衡区域财力差距、实现基本公共服务均等化的作用。

更为重要的是，无论是哪一类转移性支付，都要纳入法治化和规范化轨道，通过政府间财政转移支付立法，极大增强其确定性和稳定性。让地方政府形成关于转移支付的稳定性预期，在一个相对稳定的理财环境中过好自己的日子。

诸如此类的事项还可列出许多，不过，所有这些已经列出和尚未列出的围绕健全地方财政体系的事项，可以集中于一点，那就是通过健全地方财政收支体系重塑地方政府的健全人格，并由此重塑中央和地方财政关系格局。

（三）"十二字"方针：权责清晰、财力协调、区域均衡

正是基于上述的种种考量，从"十四五"规划到党的二十届三中全会围绕分税制财政管理体制蓝图做出的总体勾画便是："建立权责清晰、财力协调、区域均衡的中央和地方财政关系"。

可以看出，作为新时代新征程分税制财政管理体制建设蓝图的总体勾画，中央和地方财政关系格局的科学性和规范性，就集中体现于、具体落实于"权责清晰、财力协调、区域均衡"这十二个字上。一个极其关键的问题是，对十二字方针的理解和把握，要紧紧围绕健全和完善分税制财政管理体制而展开。

所谓权责清晰，就是要有清晰的中央和地方之间事权和支出责任划分。一方面，要按照让市场在资源配置中发挥决定性作

用、让政府更好发挥作用的原则，以厘清政府与市场之间的边界
为前提，清晰界定好作为一个整体的政府所需履行的职责（事权）
范围；另一方面，将政府所需履行的职责（事权）在中央和地方
之间加以分解，从而明确各级政府的职责（事权）范围。在此基
础上，与事权相对应，划分各级政府的财政支出责任。

所谓财力协调，就是要形成中央和地方之间的合理财力布
局。在清晰划分事权和支出责任的基础上，一方面，根据现行税
制体系中的各个税种属性，将其分别划分为中央税、地方税和中
央地方共享税；另一方面，按照财权与事权相统一的原则，按税
种划定中央和地方的收入来源。以此为基础，形成稳定的各级政
府事权、支出责任和财力相适应的格局。

所谓区域均衡，就是要稳步提升各区域之间的基本公共服务
均等化水平，促进区域协调发展。立足于我国各区域之间发展极
不平衡的现状，一方面，要以基本公共服务均等化为目标，在清
晰论证基本公共服务均等化、可及性的基础上，合理确定基本公
共服务保障标准；另一方面，要通过调整完善中央对地方的一般
性转移支付办法，将中央转移支付的效果落实在提升各区域之间
的基本公共服务均等化和可及性水平上。

如果说中央和地方两个积极性比较有效地调动始自于 1994
年的分税制改革，那么，按照"权责清晰、财力协调、区域均衡"
十二字方针的勾画，继续沿着分税制的道路走下去并使之趋于完
善，无疑是我们的当然选择。

注释：

【1】转移支付：转移支付好比"财富再分配"。简单说，就是政

府把从一些地方或群体收来的钱，再给到另外一些有需要的地方或群体。比如，有些地方经济发达，税收多，而有些地方经济落后，发展困难。政府就会把从经济发达地区收的部分税钱，拿出来给经济落后地区，让它们有钱去搞建设、办教育、改善医疗等。像国家给一些贫困家庭发补贴，给老年人发养老金等，这些也都是转移支付。它的目的就是为了让各个地方能均衡发展，减少贫富差距，促进社会公平。

【2】分税制：分税制就是把国家的税收按照一定规则，分给中央和地方来管理和使用的一种财政管理体制。打个比方，税收就像一个大蛋糕，分税制就是决定怎么切蛋糕。

国家把税种分成了三类：中央税、地方税和中央地方共享税。像关税、消费税等，基本都归中央，这能保证国家有足够的钱来做一些全国性的大事，比如搞国防、修高铁。而像房产税、城镇土地使用税等，就归地方，让地方有钱去建学校、修马路等。还有增值税等是中央和地方一起分着拿。这样一来，中央和地方在财政上各有各的收入，也各有各的责任，能让国家的财政管理更有序，大家都能更好地履行自己的职责。

【3】税权：税权可以简单理解为与税收相关的一系列权力。首先，政府得有权决定收什么税、对谁收税、收多少税，这就是税收立法权，好比制定游戏规则。其次，有了规则得有人去执行，税务机关等部门去收税、查税的权力，就是税收征管权，相当于按照规则去监督和管理有序进行。最后，收上来的税怎么用、怎么分配，这也是一种权力，叫税收收益权，就像决定游戏里获得的"财富"怎么花。这些税权都很重要，它们保证了国家能通过税收来筹集资金，进行各种建设和服务，让社会能正常运转。

【4】地方税体系：地方税体系是地方政府的一个"钱袋子"，里面装着各种能让地方政府有钱办事的税收"项目"。它由一系列专门

属于地方政府的税种组成，像房产税、城镇土地使用税、土地增值税等都在这个"袋子"里。这些税种收上来的钱都归地方政府自己支配，用来给当地建学校、修医院、搞城市建设、改善环境等。地方税体系还有一套自己的管理办法和规则，包括怎么收税、收多少等，就像有专门的"管家"来管这个"钱袋子"。

第五讲

中国资本市场正处在结构转型期和制度重大变革期

吴晓求

中国人民大学原副校长，2006 年被教育部聘为"长江学者"特聘教授，2022 年人力资源社会保障部批准为人文社会科学首批国家文科一级教授。现任中国人民大学国家金融研究院院长、中国资本市场研究院院长、国家一级教授、教育部中美人文交流研究中心主任、《经济理论与经济管理》编委会主任。

大力发展资本市场是适应我国经济社会高质量发展的必然要求。

2024 年以来，一系列政策措施协同发力，致力于夯实资本市场平稳运行与健康发展的基础，积极推动资本市场实现高质量发展。这些政策措施涵盖多个关键领域：通过提供流动性支持，有效提振市场信心；加快推进投资端改革，推动构建"长钱长投"的政策体系；多措并举，切实提高上市公司质量。

在这一系列积极政策的作用下，中国资本市场迎来了新一轮的改革与发展浪潮。

一、稳定资本市场关乎发展信心和预期

不少学界、业界及相关领域的人士与我交流探讨时，频繁提及一个核心问题：为何要以如此大规模的举措和力度强劲的政策，全力推动中国资本市场的稳定发展。

事实上，大力发展资本市场是稳固中国经济发展、实现可持续增长绕不开的关键环节。

从宏观总量数据视角审视，对于经济体量达 134.9 万亿 GDP 规模的大国经济而言，能够维持 5% 左右的增长速率，殊为不易。当前经济运行出现一些新的情况和问题。在此背景下，激发

所有经营主体、投资者以及消费者的信心，构建稳定预期极为重要。这不仅关乎微观经济主体的决策与行为，更对宏观经济的稳定运行与持续增长产生深远影响。

在经济活动中，信心与预期堪称核心要素。信心根植于健全的法治体系，其为市场主体提供稳定的行为准则与权益保障。预期的形成，依赖于适应市场经济发展要求且稳定的制度体系。只有这样的制度体系，方可为市场主体提供明确的行为指引，进而促使合理预期的达成。一言以蔽之，信心与预期在经济活动中发挥着举足轻重的作用。

正因如此，政策制定需要具备前瞻性眼光，将重点放在培育市场机制以及维护、保障市场秩序上。在经济发展的动态过程中，并不需要每年都严格达成某一特定目标。事实上，维护市场的有效运行机制与秩序，远比单纯追求某个既定目标更为重要，对经济的稳健前行起着关键作用。

面向未来，未来外部环境中不确定因素日益增长。在此背景下，稳定的市场预期与坚定的信心就显得尤为关键。信心作为一种强大的心理预期与激励力量，能够切实消除市场主体在经营过程中的顾虑，为其营造安心经营的良好环境，进而推动经济在复杂的外部环境中持续前进。

为增强市场信心，各部门密集出台政策聚焦存量资产回稳回升。一方面，房地产在居民资产中占比达60％，止跌企稳意义重大，核心是解决市场预期问题，相关部门全力推进；另一方面，稳定资本市场成为重要议题，因其资产流动性强，对经济和信心影响大。

基于此，中国人民银行、国家金融监管总局和证监会联合召开政策发布会，向社会各界强调资本市场的重要性，并出台了一系列旨在推动资本市场改革的有力举措。

在稳定资本市场的工作中，这三个部门各司其职，协同合作。中国人民银行主要负责解决市场流动性问题，这对稳定资本市场至关重要。国家金融监管总局则通过改革，着力拓展通向资本市场的机构资金管道，打通保险、社保、基金、证券等各类机构资金流入资本市场的堵点与痛点，使进入资本市场的投资者类型更加多元化，资金流量得以显著增加。证监会则主要承担制度改革的重任。三部门相互配合、协同联动，共同为资本市场的稳定发展保驾护航。这种紧密协作的模式，不仅能够有效应对当前资本市场面临的诸多挑战，还将为资本市场的长远发展奠定坚实基础。

二、央行正极大改变资本市场格局

2024 年以来，金融管理部门宣布多项支持资本市场稳健发展的举措。这些政策措施涵盖多个关键领域，意义重大。

（一）央行政策工具创新，重塑资本市场生态链

从具体层面而言，中国人民银行的政策影响力颇为深远。除了常规的降息降准外，还首次创新性地创设支持资本市场的结构性货币政策工具[1]，主要涵盖两方面：一是构建互换机制；二是设立基于回购和增持的再贷款工具[2]。这两项创新举措的影响力巨大，从实际效果来看，其作用远超过单纯的降息降准。

在过往对央行货币政策目标的研究中，就有学者指出，央行

除了关注通货膨胀、就业、货币市场稳定等传统指标外，还应将资本市场资产价格的变化纳入考量范围。事实上，自资本市场诞生起，就有学者陆续阐述这一观点。早期，资本市场规模有限，在金融体系中虽具备一定敏感性，但重要性相对较低。如今，证券化金融资产规模不断扩张，在金融市场中的占比持续攀升，与以往大不相同。

当前，资本市场市值已达 95 万亿元，预计将突破 100 万亿元，无疑是体量庞大的金融市场。

这表明，当前金融结构发生了深刻变革，央行作为国家金融体系稳定的最后一道防线，其目标函数也需随之进行重大调整。过去，央行主要着眼于维护存款类金融机构（主要为商业银行）的稳定。而如今，维护存款类金融机构与资本市场的双重稳定已成为央行的重要使命。

鉴于金融基础和结构发生上述变化，央行有必要创设相应的政策工具。过去，央行缺乏能直接作用于资本市场的工具，仅对资本市场价格变化保持一定关注。但如今，资本市场在金融体系中的地位愈发重要，央行必须将其纳入货币政策的考虑范围，以适应新的金融格局。

在这样的金融格局变迁背景之下，央行出台了前文提及的基于资本市场的结构性货币政策工具，旨在稳定资本市场资产价格的波动，充分发挥央行维护金融稳定的关键作用。这一工具的创设及政策转型，具备两方面重大意义。

其一，中国央行借此实现了从传统央行向现代央行的功能转型。虽然中国央行与美联储在维护存款类金融机构与资本市场稳定的结构上有些差异，但中国央行也开始兼顾双重目标。由此，中国央行成功完成从传统模式向现代模式的转变，开启了全新的发展阶段。

其二，这项政策调整从根本上重塑资本市场生态链，革新了资本市场的预期机制。通过这一转变，市场参与者得以树立底线思维，对市场的稳定预期得到增强，为资本市场的稳健运行提供了更为坚实的支撑，推动资本市场朝着更加健康、有序的方向发展。

过去，中国资本市场主要由四方主体构成。

首先是上市公司，其作为资本市场的资产供应方，提供各类资产供社会公众购买与交易，在资本市场中扮演着基础性角色。

其次是投资者，他们凭借手中的现金，依据自身的偏好和判断，购买心仪的资产，与上市公司共同构成资本市场交易的双方，是资本市场交易活动得以开展的关键参与者。

再次是监管者，这一主体在资本市场中至关重要，其主要职责是制定市场规则，维护市场秩序、公平以及透明度。当下，对欺诈上市、虚假信息披露、内幕交易等行为予以严厉打击，正是因为这些违法违规行为严重破坏了市场的透明度，损害了市场公平公正的根基——公开性原则。

最后是中介机构，上市公司披露的信息是否真实有效、透明，难以单纯依靠法律和道德约束促使其自觉遵循透明度原则。因此，引入会计师事务所、律师事务所等中介机构就显得尤为必要。律师和审计师通过专业的审查，站在市场和投资者的角度，对上市公司披露的信息进行把关，确保信息真实可靠。中介机构是推动一个国家资本市场发展的重要力量，肩负着重大责任。

央行创设相关工具这一举措，极大改变了资本市场的格局，使原本由四方主体构成的市场转变为五方，新增的央行成为其中关键一环。

这一变化可谓翻天覆地，为市场筑牢了底线。从根本层面来讲，法治是市场的底线根基；而从直观层面看，央行的介入则成为市场最直接的底线保障，其重要性不言而喻。央行具备创设无限流动性的能力，尽管并非在任何时刻都向市场注入无限流动性，但在市场处于危机状态时，央行能够凭借这一能力发挥关键作用。

可以说，这一结构化的货币政策工具，如同在规模达95万亿元的庞大资本市场资产池与具有强大流动性供给能力的央行之间，搭建起了一条相互连通的"河流"，并设置了一道"闸门"。在以往，二者相互隔绝，并无这样的连接与调控机制。如今，二者实现有机连接，为市场注入了强劲的信心支撑，推动中国资本市场迈向新的发展阶段。

许多人一直难以理解，A股大盘为何能从低位迅速攀升至高位，其间还一度触及更高水平。这主要归因于资本市场生态链发生了显著变化，加之在多方市场主体共同作用的新环境下，投资者的影响力、资金规模以及投资业态都有了极大的转变。

在商业保险资金方面，目前已推行了一系列改革措施。此前，大量的商业保险资金难以寻觅到优质有效的投资资产，尤其在利率持续下行的形势下，商业保险行业面临不小的挑战。基于此，相关部门正积极拓展商业保险资金进入市场的空间和制度框架。

在五方市场主体共同构建的市场格局（五边形条件）下，投资者类型日益多元化，资金流入资本市场的管道不断拓宽，此前存在的各类堵点正在逐步打通，精准切中了资本市场发展问题的关键所在。

（二）多管齐下推进资本市场基础制度变革

与此同时，证券监管部门正全面推进系统性改革，举措众多。首要任务便是引入资金流动性。资本市场稳健发展离不开两大关键要素：一是上市公司的竞争力，二是市场流动性。当前，上市公司竞争力仍有较大提升空间。从市盈率角度来看，在2024年9月24日之前，沪深300的市盈率约为11倍，中证500的市盈率约为15倍；而目前，沪深300的市盈率提升至13倍，中证500的市盈率达到13.77倍，相比之下，标普500的市盈率约为23倍。

就当前中国市场资产状况而言，我认为，我们的基础资产质量坚实，不存在泡沫化隐患，这无疑为市场止跌回升构筑了稳固的基石。中国上市公司结构正处于积极的优化进程中，尽管目前传统产业占比相对较高，估值也处于低位，但这恰恰为我们提供了广阔的发展与提升空间。我们应看到，结构调整带来的是机遇与活力，随着改革逐步推进，未来前景十分可期。立足当下，只要我们坚定信心，积极作为，定能迎来市场的稳健发展，开创更加繁荣的新局面。

基于此，制度改革显得尤为关键。我们可以看到，证监会主要围绕几个关键方面大力推进改革。需要指出的是，仅靠引入大量资金，而不推进制度改革，无法从根本上解决问题。必须解决长期以来存在于市场中的财富漏出机制问题，否则无论引入多少资金，最终都可能流失。

——重修减持规则。

目前，上市公司股东减持股份规则已进行修订。在原有基础上，增设了三年锁定期作为必要条件，同时新增四条充分条件。如此一来，基本堵住了此前存在的财富"漏洞"，如今想要达到减持"1+4"的标准并非易事。

在注册制背景下，必须强化法律惩戒机制。针对违法违规行为，应给予如对安然公司一样严厉的惩处，彻底告别以往仅处以 50 万元罚款的轻罚时代。绝不能让欺诈上市、内幕交易等行为轻易逃脱制裁。从法律层面而言，民事处罚要让违法者倾家荡产，刑事处罚要让其牢底坐穿，这是始终坚持的方向。必须坚决遏制任何欺诈上市、虚假信息披露、内幕交易行为，这类违法行为严重破坏市场秩序，是造成市场财富大量流失的巨大漏洞。此前减持规则调整在堵漏洞方面已初见成效，而针对违法违规行为造成的漏洞，还需通过立法予以填补。

——加快推进并购重组工作。

当前，应当高度关注存量上市公司的发展，加快推进并购重组工作，这一举措意义重大。在过去，并购重组常被与内幕交易错误关联，对并购重组的限制甚至比 IPO 更为严格，这是对并购重组的严重误读。而实际上，市场的成长性更多地源于并购重组，而非单纯依赖 IPO。不能错误地认为，只要增加了 IPO 企业的数量，市场就能实现成长。事实上，企业唯有通过并购重组，方能实现规模扩张与实力增强。

——重视上市公司市值管理。

近期提出的市值管理理念，在信息披露充分的前提下，具有积极意义，值得肯定。我们需要正确认识市值管理的内涵，它并非指联合操纵市场、恶意炒作股票。市值管理的核心在于明确对上市公司市值产生重大影响的变量，并进一步优化完善。这涵盖了技术创新、组织结构变革、激励机制构建、并购重组推进，以及回购和增持等手段，这些都构成了市值管理的重要机制，唯独不包括联合炒股票这类违规行为。

中央强调要提升上市公司竞争力，提高其估值的变量价值，从这一角度而言，对市值管理的引导具有合理性与有效性。

——推动长期资金活水入市。

市场的良好运行，除了依赖上市公司的估值竞争力，流动性也是关键要素。引入长期、规模体量的资金对于资本市场的稳定发展至关重要。需要明确的是，央行在其中扮演的是兜底角色，并非参与股票炒作。央行通过互换的方式向市场提供流动性，保障市场的平稳运行。正如前文所述，央行的介入确保了市场流动性。

——改革完善退市制度[3]。

在证券化改革的进程里，退市机制扮演着极为关键的角色。它就像是证券市场的"净化剂"，维持市场的健康生态。目前，我国退市主要涵盖四种形态。其中，交易类和财务类退市机制在实际中运行良好。然而，上市公司管理失范类和违法违规类退市机制在运行过程中暴露出一些问题。这类退市情形往往涉及复杂的主观判断以及多方面的证据收集。由于这些原因，在推进这两类退市时，需要格外谨慎。与此同时，为确保这两类退市机制能够顺利实施，必须配套建立投资者赔偿机制，否则这两类退市将难以推行。

综上所述，持续推进制度改革、拓展资金渠道，特别是中国人民银行对市场信心的有力提振，正促使中国资本市场发生根本性变革。

三、不能把资本市场简单看作融资市场

推动中国资本市场实现良好发展是大家极为关切的问题。我国资本市场的发展始终处于探索与经验积累的进程中。从全球范围看，资本市场有着悠久的发展历史，是现代金融体系中最为高级的业态形式。资本市场是一个高度复杂且精妙的体系，其运行规律与内在逻辑深受宏观经济形势、政策法规、市场参与者行为等多方面因素的交互影响。

推动中国资本市场实现良好发展，必须要在资本市场的观念认识、上市公司竞争力的提升和市场流动性预期机制的构建等方面有深刻认识。

（一）正确认识资本市场的功能、地位和作用

深刻且准确把握资本市场在中国经济发展与金融体系建设中的重要性，是发展资本市场的前提。中央金融工作会议将资本市场的作用精准概括为"枢纽功能"，强调"更好发挥资本市场枢纽功能"。这一表述高度凝练，精准阐释了金融未来的发展趋势，以及资本市场作为现代金融体系重要载体在经济运行中的独特价值。

若将资本市场类比为人体的一部分，心脏无疑是最契合"枢纽作用"的。心脏在人体中四通八达，连接全身各处，承担着供血等关键功能。资本市场也是如此，它并非只有单一功能，而是

广泛深入地连接并影响着经济金融的方方面面，如同心脏对于人体一样，是经济运行的关键枢纽。

过去，我们对资本市场的理解较为浅显、片面，甚至存在偏差，简单地把它看作融资市场。资本市场可分为狭义和广义两个层面：狭义资本市场主要指 IPO 和交易市场；广义资本市场则涵盖风险投资、天使投资等，他们同样是资本市场不可或缺的部分。前端风险资本业态为资本市场发展提供源源不断的动力与资源，若缺少这些前端环节，资本市场发展就会成为无源之水，缺乏可持续性。

资本市场中的各类投资行为，像天使投资、PE（私募股权投资）、VC（风险投资），以及 IPO 和交易市场，虽都具备融资功能，但本质是投资，最终目的是获取收益。缺乏回报的融资难以长久维系。单纯将资本市场定义为融资市场，实则为市场埋下了风险隐患。这也是资本市场长期受"投机市场"诟病的重要认知根源。在投机氛围浓厚的市场环境下，资产往往难以展现出良好的成长性。因此，资产就不能如实反映出经济运行和企业的发展状况。我们必须转变观念，深化对资本市场的认知。

从市场功能角度来看，资本市场的核心功能是财富管理，是典型的投资市场。从更宏观的战略层面而言，资本市场是推动国家技术进步、助力科创型企业发展的重要市场化力量。若缺乏资本业态的创新，产业转型将面临重重阻碍，新技术无法自动转化为新的高科技产业。从新技术到新的高科技产业的转变，离不开相应资本业态的孵化与推动，这正是金融创新的价值所在。

研究美国经济强盛发展的原因，会发现技术进步和科创性金融的作用举足轻重。技术进步、宽松的发展环境以及能够促使技术进步转化为科创性产业的新兴资本业态，共同推动了美国产业结构的顺利转型。中国要实现经济的高质量发展和产业结构的优化升级，也必须重视资本市场在这些方面的关键作用，深化对资本市场功能、地位和作用的认识。

（二）资本市场发展的基石——上市公司的竞争力

资本市场稳健发展的根基在于上市公司的竞争力。以往，我们常提及"大力提高上市公司质量"，而"大力提高上市公司的竞争力"这一表述可能更为准确。

在中文语境里，"质量"的评判标准有时难以界定，不能简单认为盈利的企业就是高质量企业，亏损企业质量就差。现代金融理论中的资产定价模型已发生根本性变革，在早期模型中，利润占据重要地位，然而在当下，它只是最基础的定价考量因素。

企业发展如同人的生命，是一个充满不确定性的过程，有着自身的周期。不能以企业当下的盈利状况简单评判其优劣，就像不能因为人终有一死，就否定生命过程的意义。投资企业，实则是投资其发展过程中那些充满潜力与变化的精彩阶段，谁能精准把握这一阶段，谁就能创造更多财富。因此，资产定价更多是对企业发展过程中不确定性的精彩部分进行定价。

在现代金融理论的定价模型中，技术进步和科技创新起着尤为关键的作用。以纳斯达克、道琼斯指数、标普500为例，它们之所以能不断创新高，重要原因在于注重定价的阶段性，剔除了部分传统落后的影响因子，同时充分运用市场技术性工具，使得市场定价更加高效、精准地反映资产的真实价值，进而推动指数不断攀升，也为投资者提供了更为合理的投资参考依据。

当下我们所说的市值管理，是一个较为宽泛的概念。其核心在于引导上市公司梳理并改善影响企业定价的因素，在严格遵守法律法规的基础上，合理运用回购、注销等市场化技术工具，提升企业价值。

股份回购注销[4]是提升企业价值的有效手段。回购后注销股份，会减少市场上的流通股数量，在企业盈利不变的情况下，每股收益会相应提高，从而提升企业在资本市场的吸引力，推动企业价值增长。

我们必须充分意识到，合理运用资本市场中的各类工具，对市场的健康发展至关重要。过去，我们在这方面的认识有所欠缺，如今需要强化这方面的理解与实践，充分发挥各类工具的积极作用，促进资本市场的良性发展。

我们务必高度重视提升上市公司的竞争力。缺乏竞争力的上市公司，即便资本市场看似繁荣，也不过是泡沫。

在此过程中，小企业的作用不容小觑。所有大企业都是从小企业起步，逐渐发展壮大的，没有哪家企业生来就是行业巨头。小企业要成长为大企业，需要借助并购、参与市场化竞争、明确自身发展目标，建立市场化管理机制。尽管投资小企业存在风险，但风险背后往往潜藏着巨大的成长机遇。我们应给予小企业足够的关注与支持，助力它们成长，进而增强上市公司整体竞争力，推动资本市场健康发展。

围绕上市公司的竞争力，有两个问题值得关注：

第一，排队上市现象。这一现象存在垄断性、体制性和制度性的超额利润，必须改革这种导致体制性、制度性不公平利润的形成机制。相较于单纯关注市场指数，市场公平性更为重要。因为只要市场公平、透明，并且建立起有效的上市公司激励机制，市场指数自然会维持在合理水平。所以，不能因为企业规模小或暂时处于亏损状态，就否定其价值。许多优秀企业早期都经历过亏损，高科技企业更是如此。

第二，爆雷、踩雷现象令人担忧。普通投资者很难判断上市公司是否存在隐患，这一问题需要通过法律、规则、中介机构以及上市公司自律来解决。上市公司自身不能隐瞒隐患，中介机构要肩负起排查隐患的责任，不能只想着收取高额审计费，简单签字敷衍了事，而应切实履行职责，排查风险。监管者则需要制定完善的监管法规，明确告知发行人和中介机构，无论是故意埋下隐患，还是未尽到排雷责任，都要承担严重的法律后果和经济赔偿责任。这些问题与我们对资本市场的认知以及制度设计紧密相关。

（三）构建市场流动性储备预期机制

个人投资者和机构投资者无疑是推动资本市场成长的主要力量。然而，当市场遭遇风险乃至危机时，构建一种市场流动性储备预期机制也非常必要。

这里所说的并非敏感的"救市基金[5]"概念，而是一种旨在稳定市场的流动性储备预期机制。在市场出现重大风险之际，这种机制能够发挥作用，稳定市场态势。过去，我们对这一机制的重要性认识不足，而如今已充分意识到其关键意义。正因如此，2024年9月24日央行宣布创设了基于资本市场稳定的互换便利以及基于回购和增持的再贷款。这些结构性货币政策工具，实现了资本市场流动性储备的预期，为市场注入了底线、信心，促使中国资本市场出现了多年少见的稳健成长态势，这与流动性储备预期机制的形成密切相关。

总之，中国资本市场的运行结构正经历重大变革，我们必须深刻理解并把握这一变革趋势。

与此同时，监管部门高度重视中国资本市场的一系列制度改革。从保持"零容忍"高压态势到实施 IPO 改革，从完善减持制度到推进退出机制改革，均在积极进行新的探索。重点提高退市速度和效率，这一方向无疑是正确的，但退市机制必须保证配套完善。在四类退市机制中，财务类和交易类退市，投资者需承担相应风险；而管理失范类和上市公司违法退市类，则必须配套相应的赔偿机制。

针对大股东占款问题，首要任务并非直接让公司退市或进行 ST 处理，而是全力追讨大股东占款，这是解决问题的关键所在，应置于首位。成功追回占款后，上市公司或许能够恢复正常运营。我们必须明确违法责任，严刑峻法的对象是违法违规者，绝不能让中小投资者承担严刑峻法的成本。要让社会各界清晰认识到，欺诈上市、财务造假、虚假信息披露、内幕交易等违法违规行为，都将面临严厉处罚。

综上所述，当前及未来的工作重点应聚焦于法制的完善、规则的公平、制度的稳定以及市场的透明等方面，为资本市场的长期稳定发展奠定坚实基础。

注释：

【1】结构性货币政策工具：是央行精准调控经济的手段。把经济想象成大果园，果树代表不同行业。传统货币政策像给果园大水漫灌，

效果不精准。而结构性货币政策工具像精准浇水壶，能给"缺水"果树精准供水。比如科技行业、小微企业需要资金时，央行用它引导资金流入，避免"一刀切"，助力重点领域发展，让经济"果园"更繁荣。

【2】基于回购和增持的再贷款工具：是央行助力资本市场的好办法。把资本市场比作大集市，上市公司是商家，股民是顾客。集市人气不旺（资本市场不稳定）时，央行就用这个工具帮忙。它能让上市公司或相关机构从央行借钱，去回购自家股票或增持别家股票，就像商家回购自家货或多买别家好货，这样能吸引更多顾客（投资者），让集市热闹起来。有了它，资本市场更稳定，投资更让人放心，市场能发展得更好。

【3】退市制度：就像比赛的淘汰规则，证券市场是赛场，上市公司是选手。选手得守规则、达标准才能留在场上。要是上市公司连续亏损、财务状况差，或者有内幕交易、虚假披露等违规行为，又或是管理混乱影响运营，就如同选手犯规或未达要求。

出现这些情况，按照退市制度，公司可能就得退出证券市场，也就是被"淘汰"。退市制度能确保留在市场的公司优质、守规矩，让市场更健康、公平，还能保护投资者，避免大家在差公司上亏钱。

【4】股份回购注销：简单来说就是上市公司自己花钱把在市场上流通的自家股票买回来，然后"销毁"这些股票。就好比一家商店，发现市面上自家的商品太多了，价格受到影响，就把一部分商品买回来不再卖了。上市公司回购注销股份后，市场上该公司的股票数量就少了。如果公司盈利还是那么多，分摊到每股上的收益就会变多，股票就更值钱，对投资者的吸引力也就更大，能提升公司在资本市场的价值。

【5】救市基金：简单说就是政府或金融机构准备的"紧急备用金"，专门用来在股市、债市等金融市场出现暴跌或恐慌时"兜底救场"。当市场因突发事件（比如疫情、恐慌抛售）出现流动性枯竭、价格崩盘时，

救市基金会通过大笔买入股票、债券等资产，或向金融机构提供贷款，阻止市场继续失控。

最常见的救市基金包括政府财政拨款、央行直接入市，或者多家金融机构联合成立的平准基金。这就像给市场打"强心针"，通过真金白银的干预恢复投资者信心，防止金融系统崩溃。

不过，救市基金本质是"紧急止血"措施，短期能稳定市场，但长期可能产生副作用：比如让投资者形成依赖心理（觉得亏了有政府救），或者扭曲市场定价机制。

有理由对中国经济保持乐观

郑永年

　　广州粤港澳大湾区研究院理事长，香港中文大学（深圳）公共政策学院院长、前海国际事务研究院院长、校长学勤讲座教授。主要从事国际关系、外交政策、中美关系、中国内部转型及其外部关系研究。

进入 2025 年，全球经济复苏依旧乏力，分化态势进一步显现；贸易保护主义升温，地缘政治风险不减反增，出口渠道愈发收紧；本届美国政府给全球带来不确定性；国内需求收缩、预期转弱，结构性问题待解。

面对百年未有之大变局，世界范围内没有一个经济体是没有问题的，其中更不乏面临严峻挑战的，中国也如此。

但是，列出问题和挑战不是为了使人悲观，而是为了直面它们，找到解决问题和应对挑战的有效方法。实际上，经验地看，较之世界上大多数经济体，中国的经济局面处于较好的位置。尽管存在着挑战，但只要我们能够直面困难，找到问题的根源，就可以克服和超越问题，在最大程度上实现经济增长和发展目标。

信心很重要，对中国经济必须乐观，且具有充分的理由乐观。信心不足者往往掩盖问题，悲观者往往不敢正视问题，而乐观者直面问题。正是因为我们意识到这些问题和风险，认知到问题可以得到解决，风险可以防御，我们才有充分的理由保持乐观。

一、为什么有人会"悲观"

在探讨乐观之前，我们还需要讨论的问题是，部分人们的

"悲观"情绪从何而来?

这里既有国际层面的因素,也有国内层面的;既有客观因素,也有主观的认知因素。

"悲观"既来自国际环境的巨变,也来自内部经济增长面临的一些困难。改革开放以来的40多年时间里,我们拥有一个相对和平的国际环境,国内的现代化和国际层面的全球化两股力量相向而行,互相配合和强化,这促成了中国的经济腾飞。我们用了不到50年的时间走完了西方用了150年甚至更长时间的路。但现在不同了:在外部,美国等一些西方主要国家盛行经济民族主义和贸易保护主义,逆全球化和反全球化力量崛起。

(一)大国之间竞争的核心是长期持久的经济韧性

就外部环境而言,中美关系是重要因素之一。今天,人们感到不确定的是本届美国政府"让美国再次伟大"(Make America Great Again)的计划对我们所产生的影响。实际上,尽管美国的政策变化可能会对我国经济带来部分影响,但这些影响都是可以对冲、抵消和可控的。

2025年4月,美国政府摁下关税战"按钮"。这场覆盖广泛、力度空前的"关税战",不仅给全球贸易体系带来巨大冲击,也让本就复杂的中美关系面临新的严峻考验。不可否认,美国加征所谓"对等关税"对中国经济肯定有冲击。因为中国是出口导向型经济,对国际贸易的变化较为敏感。

但正如长达半个世纪的美苏冷战所体现,两个大国之间竞争的核心是长期持久的经济韧性。中国对美国的反制既不可避免,也是必须的,但我们的目标应当是构建一个具有强大经济韧性的产业体系。突破核心技术瓶颈、建设强大国内市场、坚持高水平对外开放——只有这样才能使得我们在和美国的长期竞争中立于不败之地，并实现自身的可持续发展和国家的复兴。

（二）即使面对逆全球化，中国也无须悲观

本届美国政府给全球带来的最大不确定性之一就是未来世界是否还是开放的。

但即使面对逆全球化，我们也不用那么悲观。我们团队近期提出三个"不要低估"的观点：一是不要低估本届美国政府对世界贸易体系的影响；二是不要低估全球资本再全球化的能力，资本有逐利属性，美国政府无法阻止美国资本"走出去"，也阻碍不了中国资本"走出去"；三是更不要低估中国的开放政策尤其是单边开放[1]政策在重塑世界贸易体系过程中的能力。

这里着重谈一下中国的开放政策。

全球范围内，无论从哪个角度看，中国的开放政策已经成为塑造未来全球化最重要的变量之一。人们可以把全球化理解为一种重要的国际公共物品，大国要承担更大的责任来提供和维持这一公共物品，而小国往往选择"搭便车"。因此，当美国转向"内向"的时候，中国就要承担提供国际公共物品的作用。这样做，不仅有利于自身的可持续发展，也有利于国际的发展。作为第二大经济体，中国应当对未来全球化发挥关键的塑造作用，实际在过去很多年里，中国也是这样做的。

也就是说，无论是内部发展还是国际发展，中国需要成为一个"开源国家"。而中国的开放政策可以促使中国成为这样一个国家。

因此，要大力拓展拓宽近年来中国开始践行的单边开放政策。作为目前世界上最大的单一市场，中国市场的开放本身是中国提供给世界的重要国际公共物品。中国的单边开放政策正在促成世界范围内的生产要素的流动，从而塑造和推动全球化。更为重要的是，它也会促成其他地区的内部变化。例如，如果中国向东盟国家实行单边开放，那么中国的单边开放不仅可以实现中国—东盟共同市场的形成，也可促成东盟本身共同市场的形成。

中国现在面临来自美国的挑战，特别在高科技领域，中国必须奋起直追。但是，今天的中国又掌握着中端技术以下的技术，而这些技术是广大发展中国家所需要的。中国的开放，尤其是单边开放政策，可以促使中国成为一个"开源国家"，而一旦中国成为一个开源国家，必将成为国际发展的最主要动力，也是重塑全球化的主要动力。2025年春节期间，DeepSeek引发的热潮，就是"开源的胜利"。技术需要"开源"，国家也需要"开源"。

DeepSeek的胜利，就是开源打败闭源。中国的进步就是建立在开源之上。DeepSeek选择把技术论文等开源，其他国家的开发者也可以迅速验证，在他们的基础上进行调整进步。如此往复循环、不断更新进步，才是科学的逻辑。这跟资本垄断定高价的逻辑、政治封闭以求领先的逻辑，存在根本性不同。

DeepSeek对中国最大的启示，我想还是"开放"二字。无论是心态上还是方法上，都要毫不动摇地坚持开放，继续开放。

二、中国经济还有很大的增长空间

针对内部面临的一些问题和挑战，我们更不用像一些人那样悲观，相反，人们完全可以乐观。

乐观不是盲目，而是基于客观的要素：一是中国现有的经济还有很大的增长空间；二是我们有巨大的未来发展潜力。更为重要的是，无论是现有的空间还是未来的潜力都可以通过导入有效的经济政策来实现。

我们先讨论现有经济的增长空间。

（一）陆地经济

中国是一个大陆经济体。无论是内循环还是外循环，大陆经济体依然具有增长空间。这些年来，我们提出了构建全国统一大市场的目标并为之努力。全国统一大市场建设无疑可以推进经济要素的内循环。

大规模的基础设施建设和交通技术条件的改进虽然已经让中国大陆经济的活力释放出来，但尚未见顶。西部和西南部依然具有很大的比较优势，包括劳动力成本低、土地资源丰富、地上地下的自然资源禀赋充足，但这些优势还远远没有发掘出来。同时，东部沿海地区也具有自身的比较优势，包括资本、技术、人才、开放和管理经验等方面。沿海地区传统产业的发展虽然趋于饱和，但这些产业在中西部还有大量发展空间。若能促进西部和西南部的生产要素和东部的生产要素双向流动与有机融合，那么双方各自的比较优势都将充分发挥，从而获得新的增长空间。应当强调的是，这些潜力的实现需要跨区域体制机制改革的协同推进。

同样，陆地外循环的空间也正在扩大。早年的中欧班列畅通了重庆到欧洲的陆路交通，经济效益已经显现；中老铁路开通运营也已对老挝经济产生积极影响；泰国计划把自己和中老铁路连接起来，这一目标一旦实现，那么中国和东南亚的陆上运输就会大为改善。中吉乌铁路即将开工建设。应当意识到，中国和这些经济体的交通连接不仅有利于自身发展，还能助力这些经济体的发展。随着交通条件的改善，交流进一步延伸，中国的大陆经济体在外循环领域仍然有很大的成长空间。

（二）海洋经济

改革开放后，海洋经济起步发展。但是海洋经济的潜力现在还远远没有释放出来。今天，沿海各省都在致力于发展海洋经济，但多集中在海洋牧场、养鱼养虾等传统产业。实际上，海洋经济远不止这些。

以地中海沿岸，以及美国、英国、日本和新加坡等国家为例，沿海地区的很多中产以上的家庭不仅"一家一车"，更是"一家一船"。然而，我们现在所拥有的私家船规模还有很大的发展空间。今天，中国造船技术、造船产能均居世界第一，若政策给予支持，必将催生庞大的产业。更为重要的是，发展私家船产业，让老百姓拥有自己的船只，既能释放海洋经济的潜力，更有利于培养人民的海洋精神，推动中国迈向真正的海洋大国。

（三）空中经济

空中经济同样具备巨大的发展潜力。如今中国已具备制造大飞机的能力，大飞机的生产带动了新兴制造业的蓬勃发展。例如国产大飞机C919开启常态化商业运行，下一步将迈向量产时代，这无疑将带动航空新材料、航电系统等高端制造业升级。同时，低空经济更是带来新增经济空间，今天长三角、珠三角都在努力发展低空经济。

（四）互联网和人工智能的数字经济

进入互联网时代，中美两国在世界新产业舞台上占据着领先地位。无论是互联网还是人工智能领域，中美两国都是领头羊，其他国家很难赶上。

此前，ChatGPT 等大模型让美国在人工智能领域处于垄断地位，可以"价格自定"。垄断地位带来的芯片价格、大模型的估价等，本就有大量泡沫。而当中国的 DeepSeek 出现，大家才发现，原来大模型也不一定需要那么高成本、那么多芯片。相关公司和资产的价格自然就会下调。

在 DeepSeek 出现之前，美国某些政客认为几乎所有人工智能领域的尖端竞争，都是在美国公司之间展开的，而不是在中国公司跟美国公司之间，但 DeepSeek 证明事实并非如此。

三、必须依靠科创跨越"中等技术陷阱"[2]

就如今经济局面而言，无论是中国的大陆经济还是海洋经济，无论是空中经济还是数字经济，中国都有非常大的潜力可以挖掘。因此，我们有理由乐观。

但促成我们乐观的更大原因在于作为未来经济增长点的科技创新。在这方面，我们必须直面自己所面临的一个严峻问题，即如何通过适当放松监管，推动科创成果落地转化成为新质生产力，从而在跨越"中等技术陷阱"的基础上成为发达经济体。

　　如何创造和增加新的经济活动？一是传统产业的技术升级，二是科创。这两个是互相关联的问题，传统产业的升级要通过技术进步来实现。例如，过去提倡"互联网＋"，今天提倡"人工智能＋"，这些都意味着新技术赋能传统产业。因此，创造和增加新的经济活动的核心是科创。

　　当下，"内卷"俨然成为中国经济现状的一个重要特征。"内卷"有很多原因，其中一个主要因素便是科创不足。在传统促动经济增长的"三驾马车"（投资、贸易和消费）乏力情况下，通过科创释放更多新经济活动就成为经济空间进一步扩张和实现增长的主要手段。"二战"以来，美国大量的新增经济活动（产品）都是通过科创而得以实现的。

　　这些年，学界聚焦"中等技术陷阱"问题的研究。研究发现，中国的技术发展路径和日本、韩国等亚洲发达经济体类似，前期二三十年主要是对西方技术的应用，之后通过技术积累，逐步从应用转向原创。当下，中国很多领域的技术原创成果颇丰，但生产关系和部分上层建筑的体制机制却有些滞后不前，存在过度监管现象。

　　监管过度自然将导致新经济活动落地难、增量经济减少，继而制约发展。换言之，尽管今天中国正在创造大量的新质生产力，但由于体制机制改革相对缓慢，如不深化改革，这些生产力要素容易流向监管宽松、利于落地的经济体，尤其是美国。

　　据相关机构统计，硅谷 2/3 以上的独角兽企业是由美国一代或者二代移民创立的，其中很多是来自中国的移民。美国的技术并非只是由本土美国人创造的，而是全球精英智慧汇集的结果。

马斯克、黄仁勋都是移民。

我们通过科技创新来跨越"中等技术陷阱"的观点和世界银行通过投资科技来跨越"中等收入陷阱"[3]的观点具有高度一致性。不过，我们团队发现，"中等收入陷阱"只是一个现象，或者一个结果，关键在于科技进步。任何一个经济体，尤其是像中国这样庞大的经济体，若无法依靠技术进步实现产业的持续升级与新技术的深度开发，那么很难从中等收入跃升为高收入经济体。

2024 年 8 月 1 日，世界银行发布《2024 年世界发展报告》（以下简称《报告》）指出，包括中国、印度、巴西、南非在内的百余个发展中国家未来几十年成为高收入国家的道路面临挑战。基于过去半个世纪的观察，世界银行发现，自 1990 年以来，仅有34 个中等收入经济体成功跻身高收入国家行列。

同时，《报告》提出了发展中国家迈向高收入行列的"3i 战略"，即投资 (investment)、引进 (infusion) 和创新 (innovation)。根据各自所处的发展阶段，发展中国家需要采取有序的、逐步优化的政策组合。低收入国家初期应专注于旨在增加投资的政策，即"1i"阶段 (investment)；但一旦达到中等偏低收入水平，政策就需要换挡到"2i"阶段，即投资和引进 (investment + infusion)，这包括采用国外技术并将其推广到整个经济活动中；达到中等偏高收入水平后，国家应再次换挡到最终的"3i"阶段，即投资、引进和创新 (investment + infusion + innovation)。在创新阶段，发展中国家不再只是借用全球前沿技术，而是要推动前沿技术的发展。

世界银行描绘的路径与中国过去的发展轨迹高度契合。当下，中国人均国民所得收入已经达到 13000 美元左右，离高收入群体仅一步之遥。正因如此，近年来关于"中等收入陷阱"的讨论逐渐降温，因为人们相信中国跨入高收入经济行列势不可挡。不过，需要注意的是，我们强调科创的重要性，并非仅着眼于迈向高收入经济体，更重要的是要实现经济的可持续增长，实现中国式现代化。

四、"放松监管"刻不容缓

对"中等技术陷阱"的剖析回答了"未来经济增长来自何处"的问题，即发展新质生产力至关重要。而在今天的中国，要发展新质生产力，"放松监管"已经变得刻不容缓。

近年来，中国独角兽企业新增数下降。我们团队在长三角、珠三角进行调研后发现。一方面，正如诸多政策研究者指出，外资（尤其是美资）流入减少，独角兽企业的培育受阻。这是因为中国风投体系尚不完善，过去许多企业的成长依赖于美资扮演的风投角色，腾讯、大疆等企业便受益于此。近年来，受地缘政治剧变等因素的影响，美资减少直接影响独角兽企业的数量。另一方面，我们发现中国本土正在孵化大量的独角兽企业，但应避免监管过度，否则将难以落地。正如前文所述，中国的技术发展轨迹与日本、韩国等经济体相似，早期以应用（西方技术）为主，历经数十年的积累之后，逐步转向原创。这一时期，原创技术转化为具体的经济活动是关键，这就急需为新技术落地"松绑"、优化监管。也就是说，当下生产力已经发生了变化，但生产关系方面未能同步适应。

近期，中央政府接连出台了一系列宽松的金融政策和积极的财政政策，希望以此撬动新一轮的经济增长。这是一种积极的信号。但问题在于，如何让宏观政策在微观层面发挥更为显著的作用？

20世纪90年代初，为了解决"三角债"等难题、提振经济发展，中央也采取了宽松的金融政策和积极的财政政策。当时这些宏观政策迅速传导至实体经济。只是因为彼时传统经济空间广阔，各级政府通过大规模的基础设施建设、房地产开发、既有技术转化，加上一系列体制机制改革，使宏观政策迅速落地为具体的经济活动，有效拉动经济增长。但今时今日，情况已大不相同。传统的"三驾马车"动力逐渐减弱，难以像过去那样驱动经济高速增长。

怎么办？答案并不复杂。在存量经济活动趋于饱和的情况下，要推动宏观经济政策转化为微观层面的红利时，需要激活更多新的经济活动。因此，我们认为，除了宽松的金融政策和积极的财政政策这两支箭之外，还要加一支箭，即"松规"。对企业而言，"松规"意味着适度放松监管尺度；对地方政府来说，"松规"意味着适度松绑，破除体制机制的束缚。企业和地方政府一直是中国经济发展的两大关键抓手，若不能赋予两者充足的权力，中央宏观经济政策就难以转化为具体的经济红利。

（一）对技术应用的监管需要适度放松

先来讨论技术面。我们以生物医药、互联网和人工智能为例。

在生物医药领域，中国经历了从仿制药到创新药的转型。然而，创新药落地难是当下中国药企面临的普遍困境。从企业反馈来看，主要有两个因素：一是审批流程过长，甚至有企业提交审批后杳无音讯的情况；二是即使药物成功上市，但由于受到医保体系定价机制的制约，药品价格难以达到预期，企业盈利空间受限。在此困境下，一些企业选择"出海"，把创新药卖给外国厂家。前段时间，就有两款生物医药产品被美国企业以几亿美元价格收购，这些产品在美国市场的潜在价格可能高达百亿甚至千亿美元。未来这些产品若流回国内，我们可能又需要高价买回。此类情形不在少数。

就互联网领域来说，2024年国产3A游戏《黑神话：悟空》在全球走红，引人瞩目。然而，实际上珠三角和长三角地区有大量游戏却因为监管原因难以问世。监管部门出于文化输出的考虑，侧重鼓励宣传中国文化的游戏，这本无可非议。然而，许多游戏因文化因素和其他原因无法落地，无奈转战印尼、日本、美国等海外市场。应强调的是，游戏对青少年的影响非常深远，确实需要监管，这在任何国家都一样。但同时也要意识到，游戏不只是一种娱乐方式，它还是通往另外一种技术的路径，例如英伟达就是做游戏显卡起家的。

展望未来，游戏产生的数据信息对人工智能的下一步发展至关重要。如今，就美国人工智能发展水平来说，人工智能基本吸收了人类知识的总和，下一步只需再做分类优化提升。人工智能的优化迭代需要新产生的信息。而未来的信息很大一部分将来自游戏，以及游戏和人工智能交互场景，AlphaGo下棋过程中产生的数据就是例证之一。如果我们不能在监管和发展之间找到平衡，在信息产生领域可能就会落后于其他国家。

人工智能领域亦是如此。许多权威机构的评估都显示，中国的人工智能技术从基础研究和论文发表来看，已经赶上甚至在有些领域超过了美国。然而本土化的实际应用仍然很少。其中一个重要因素就是在这一领域的监管需要适度放松。

（二）对地方政府要"松绑"

要取得科创的进步，不仅要对企业"松规"，还需要对地方政府"松绑"。

当前，对地方政府来说，主要面临的挑战就是如何从"捆绑"式发展转向"松绑"式发展。改革开放以来，地方政府在推动经济发展过程中扮演了主要角色，与企业构成两大经济主体。在宏观层面，所有中央政府出台的政策都要通过企业和地方转化成为具体的经济活动。在微观层面，地方政府的作为基本上决定了地方经济局面。

具体来说，当前部分地方政府主要面临以下几个方面的问题。

一是过度频繁的监管。如今，部分地方存在监管形式多样但缺乏整合和统筹现象，可能导致地方政府花费大量的时间配合多种形式的检查。一旦被检查或者巡视，很多工作需要暂停。即使事后发现没有问题，但工作已经被影响。

二是过度细致的考核指标。考核是推动和改善干部有所作为的有效手段。但如今部分地区存在考核指标过细的情况。在一些领域，指标的级数越来越多，指标也越来越细化，表面上看似乎很科学，但其实不然。过细的指标一定程度上束缚了干部的作为。

三是政商关系问题。此前，为了建立"亲""清"的政商关系，禁止地方官员和企业互动。如今，这方面的规定略微有所放松，但未完全放开。此类活动易引发负面舆情。因此，还需要制度化规定来解决。

四是减薪问题。部分地方施行减薪以缓解财政压力，这本应提倡。但在部分地区，减薪成为了"政治正确"，甚至道德压力。一些无需减薪的地方也跟风减薪且幅度不小，影响当地官员情绪，甚至给不少年轻官员干部造成生活上的压力。

这些问题导致了部分干部不作为，甚至"躺平"，影响中央宏观政策落地。

（三）中美的内部改革竞争

无论是对企业的"松规"还是对地方政府的"松绑"，体制机制改革已刻不容缓。

当下，体制机制的改革具有两方面的动力：一方面，我们有内部增长和发展的需要；另一方面，我们的改革也有来自外部的压力。

当下，如果中国、印度和欧洲或者其他经济体还维持过度监管，那么在这些国家因为过度监管而无法落地的产业和技术很可能会再次流向美国。美国本就不缺资本和人才，一旦去监管化，势必对其他国家的技术产生巨大的虹吸效应。特朗普在其第一任期时已经提出"再工业化"的目标。本届美国政府可能会在一些有限的领域如能源开采领域，重启工业化。但要让传统产业"再工业化"，可能性已经很小，因为转移出去的技术和产能很难再转回来。需要强调的是，如果美国放松监管，就很可能在第四次工业革命中占据主导地位，甚至垄断地位，从而促成美国的再工业化。

具体而言，在如何有效提升政府行政效率、如何通过去监管发展生产力、如何通过拓宽税基以增加税收来源，以及如何采取积极措施削减国家债务等方面，美国的经验均有借鉴意义。我国可以通过深入研究美国对内改革的精髓，包括精简流程、利用先进技术优化服务，以及保持对长期目标的坚定追求等，来探索适合自身国情的改革路径。

根据马克思经济基础与上层建筑、生产力和生产关系互相适应的原理，中美两国所进行的体制机制改革具有相似的背景。这一原理也指导我们，要认识到我国需要进行何种改革，即通过体制机制的改革来推动生产力尤其是新质生产力的发展。

注释：

【1】单边开放：单边开放与对等开放、互惠开放、条约开放相对应，是指无论对方是否对自己开放，一国或经济体都单方面、主动向对方扩大开放。

【2】"中等技术陷阱"：郑永年教授的研究发现，一个经济体从低度发展到中等收入水平可以借助从发达经济体扩散而来的技术而实现，但要从中等收入经济体到发达经济体的跨越很难通过单纯的技术扩散来实现。这是因为早期发展中国家凭借低成本优势承接发达国家成熟产业的产能转移，但长期看，由于核心技术始终被发达国家掌握，一旦成熟技术转移的红利被"收割"完毕，若发展中国家本土的企业不能成功打开技术赶超的空间，其经济增长就会进入长期相对停滞的状态。

　　【3】"中等收入陷阱"：这一概念是由世界银行在 2006 年的《东亚经济发展报告》中首先提出。它是指一个经济体的人均收入达到世界中等水平（人均 GDP 在 3000—10000 美元的阶段）后，其赖以从低收入经济体成长为中等收入经济体的战略，在它们向高收入经济体攀升中不再有效，进一步的经济增长被原有的增长机制锁定，导致新的增长动力特别是内生动力不足，人均国民总收入难以突破 10000 美元的上限，经济很容易长期徘徊或停滞不前，迟迟不能进入高收入国家行列的一种状态。

第七讲

激活中国经济新引擎

李稻葵

　　清华大学经济学教授，清华大学中国经济思想与实践研究院院长，政府与市场经济学国际学会会长，清华大学苏世民书院创始院长。曾任中国人民银行货币政策委员会委员，第十三届全国政协常委，第十一、十二届全国政协委员。

公众对宏观经济"体感"会转暖，这是我们对 2025 年中国经济的基本判断。2025 年是转折年、逆转年。2025 年以前，我国宏观经济增长速度持续多年下行，这个趋势在 2025 年有望逆转。

2024 年，我国国内生产总值（GDP）首次突破 130 万亿元，按不变价格计算，比上年增长 5.0%。但是，很多人的微观感受和宏观数据之间有"温差"，这样的"温差"有望在 2025 年有效消弭。

2024 年年底的中央经济工作会议部署 2025 年九项重点任务，"大力提振消费、提高投资效益，全方位扩大国内需求"被放在第一位。但是，现在具体经济工作部门及地方政府落实中央政策的速度和力度仍显不足。

我们建议，2025 年大幅增发中央国债，置换地方债务，并同步延长基础设施融资工具的期限；以更大力度，争取在三年内彻底解决地方债务困境；以更加有力的措施提振消费。

一、直面中国经济当前问题

近些年，中国 GDP 实际增速的降幅，明显超过潜在经济增速[1]的降幅。2020—2023 年这 4 年 GDP 复合平均增速是 4.7%，而在 2019 年是 6.0%，在 2010 年是 10.6%。

实际增速偏离潜在增速的趋势短期内如果得不到扭转，可能会导致长期潜在增长速度下降。GDP 实际增速低于潜在增速，将在社会层面引起一系列反应。例如，激发社会对经济发展的悲观情绪；企业利润、政府财政收入下行，带来研发投入和能力下降，弱化投资预期，减缓物质和人力资本积累，降低劳动参与率。长此以往，最终将带来 GDP 潜在增速下滑。

消费不足及"内卷式"竞争[2]等问题亟待破解。目前，我国消费物价和生产资料价格低迷，消费者信心不足，市场需求收缩；房地产市场尚未趋稳；大量行业出现"内卷式"竞争，新能源汽车行业尤为显著；一些行业踩踏式出海，耗费了多年共建"一带一路"合作营造的良好外部环境；企业营商环境变差……我们认为，找到这些问题的根源，将有益于找到解决方案。

产生上述问题的主要原因有两个，一是基建周期基本结束叠加融资期限错配，导致地方政府经济行为急剧收缩；二是目前的财税和政府管理体制仍然以生产和投资为中心。

（一）基建周期叠合实体经济下滑

近 20 年来，我国修桥梁凿隧道、建机场铺高速，大规模搞基建。这些基建显著拉动经济增长，对促进就业、提高效率都有较好作用。但是，当这些基建完成后，各种需求下降就会马上显现出来，出现经济过冷。更重要的是，在基建火爆的时候，参与各方热情高涨，对未来充满乐观情绪。实体经济投资者，向银行融资意愿强烈，但融资期限多为 10 年以下的短期资金。从基建兴起到现在，已经接近 20 年，此前的短期融资到了还本付息的时候，却遇到了实体经济下滑。两个周期叠加，就造成了资金困难。与之相对应的是，由于投资意愿下降，同时又造成了银行手中的资金找不到好的贷款项目。一方面是短期融资应该还本付息；另一方面是银行资金找不到好项目，就形成了"冰火两重天"的趋势大周期。

大量基础设施使用寿命较长，但是没有相应的长期融资工具。地方政府建设资金主要来源于地方政府债券与城投债，截至2024年6月，地方政府债券平均发行期限12.69年，同比减少1.18年，其中，一般债券8.25年，专项债券14.59年，10年以下期限债券占比达到71.82%；市场上城投债以3—5年为主要期限类型。2015—2019年这4年间，政府10年以上期限债券占比较低，近年也有下降。

民间投资[3]增速多年来持续下降。民间投资代表了市场力量对经济形势的预期。2023年、2024年，我国民间投资分别下降0.4%、0.1%。此前多年，这一数据持续保持上涨，2022年上涨0.9%、2021年上涨7%，2015年、2013年曾分别达到10.1%、23.1%。并且，2024年民间固定资产投资占全国固定资产投资比例只有50.08%，低于2023年的50.4%，跌至2013年以来的最低点。

（二）地方政府经济活力明显下降

大量基础设施由地方政府组织建设，但是只能以专项债、城投债等短期贷款支持长期项目，期限错配的融资叠加宏观经济下行，是地方债问题凸显的重要原因。

截至2024年第三季度，我国政府杠杆率扩张至60.3%，其

中地方政府杠杆率达到 34.5%，中央政府为 25.8%，地方政府债
务问题严重。

地方政府经济活力明显下降，是当前中国经济运行偏冷的直
接原因之一。宏观经济正常运行期间，每年各地政府通过直接财
政的支出和通过金融部门借贷的投资性支出，二者之和占名义
GDP 超过 40%。2023 年和 2024 年，在地方政府化债压力大的
背景下，这一比例迅速下降到 36%，导致许多地方政府正常的
财政支出都在削减，这直接带来了宏观经济的快速收缩。

我们测算，在最乐观的条件下，地方政府 2023 年用于经济
建设的实际支出占 GDP 的比重下降了 4% 左右。地方政府以拖
欠债务、公务员降薪等方式，从实体经济中抽出资金，偿还给金
融部门。这样的运作，相当于对整个经济循环吸血。

2024 年，全国税收收入比上年下降 3.4%；非税收入比上年
增长 25.4%，非税收入占比 20.36%，比 2023 年增加 3.91 个百
分点，政府财政收入对非税收入依赖增加。

财政部披露，近些年，我国地方政府隐性债务规模不断减
少。2028 年之前地方政府需要消化的隐性债务规模是 14.3 万亿
元。而据 IMF 估算，2023 年我国地方政府的显性债务规模达
39.6 万亿元。

政府性基金收入持续负增长。2024 年全国政府性基金预算
收入同比下降 12.2%，其中中央政府性基金预算收入同比增长
7.2%，而地方政府性基金预算本级收入比上年下降 13.5%，国
有土地使用权出让收入同比下降 16%。这将拖累地方综合财力
增速，导致政府偿债能力压力增加，地方政府综合财力增速与债
务余额增速的差距，没有得到有效缓解。

中央对地方转移支付也在减少。2024 年中央对地方转移支付预算数比 2023 年执行数减少 908.19 亿元，下降 0.9%，高于地方一般公共预算本级收入增长幅度，地方财政压力仍未缓解。

综合前述因素，在当前财政支出几乎没有逆周期扩张的态势下，地方政府收缩严重，加剧了宏观经济的收缩。

（三）财税和政府管理体制仍然以生产和投资为中心

2024 年，我国国内增值税和消费税分别是 6.67 万亿元、1.65 万亿元，占全国税收收入比例分别是 38.1%、9.44%。2023 年这两项税收收入占比是 38.28% 和 8.90%。从上述数据可以看出，增值税是我国主要税种，消费税远小于增值税。增值税在生产环节征收，消费方面的税收则是在生产与流通环节征收的间接税，导致地方政府有很强的动力开展招商引资竞争，在本地发展生产性制造业项目，而轻视消费增长。

随着服务消费场景更新，服务消费潜能激活，居民服务性消费支出实现较快增长。据国家统计数据，2024 年，我国居民人均服务性消费支出 13016 元，比上年增长 7.4%，快于居民人均消费支出增速 2.1 个百分点；占居民消费支出比重为 46.1%，比上年上升 0.9 个百分点。

上述居民服务性消费支出已经占到了居民消费支出比重近一半，但服务性消费只有全国性统计，没有分地区统计。地方政府搞了大量服务消费，却不计入本地，也会导致地方政府没有动力提振消费。

同时，我国现行统计制度不利于激发地方政府培育消费市场的积极性。部分社会消费品零售统计计入总部所在地，而不是实际消费地。

我们以汽车产业来观察，每个城市都希望多生产汽车，当汽车产值增加后，增值税和中央分成。但这些城市都不希望本地的汽车太多，以至于交通堵塞、交通事故多，都希望其他城市购买。

地方政府绝大部分的税源靠增值税，靠企业来征收，来自生产端。此前，一些城市突然成为"网红"旅游城市的时候，我们调研了大量工业化的城市。这些地方政府给我们的反馈是，他们本质上看不起搞文旅的城市，如果不是穷到一定程度，应该不会突然承接大量来到本地旅游的人员。

为此我们建议，部分增值税挪到消费地去交。例如，北京市每年新增若干辆汽车，这些汽车有对应的生产地，建议在这些汽车销售时，其中增值税的50%要在北京市，另50%留在生产地。通过这样的措施，消费地能得到增值税了，他们就会更关心消费，而不仅仅是生产。

二、中国增长潜力依然巨大，底气在哪里

看到问题的同时，还要看到我们的优势。我国现在的情况，与1837年的美国显然不同，当时美国在一大轮基建后，出现了历史上第一次长达5年的经济衰退。我国有着潜在需求巨大、潜在供给巨大和经济发展潜力巨大这三个优势。

（一）巨大的潜在需求
潜在需求巨大来自两大块，分别是长期的城镇化以及中等收

入群体的增长。

国家统计局数据显示，2024 年末，我国城镇常住人口为 9.44 亿人，比 2023 年末增加 1083 万人；乡村常住人口为 4.65 亿人，减少 1222 万人。常住人口城镇化率为 67.00%，比 2023 年末提高 0.84 个百分点。随着城市发展方式转变和城市群的发展，我国人口城镇化率稳步提高。

但是，根据我们的研究，目前中国城镇化率实际上只有 50%，大概接近 20% 的人虽然工作、生活在城市，但还是农村户口。这些人群一系列的消费行为，尚未完全城镇化。也就是说，大约 7 亿人还没有完全迈入城镇化生活。

7 亿人口相当于东南亚国家的总人口，他们的生活条件还有巨大的改善空间。这 7 亿人中一半在城里面长期工作，送外卖、送快递、做保洁，但是他们出于各种原因，还没有融入现代化生活，还不能把家人和孩子接过来。如果这些人的家人和孩子都在城里生活，需求将是巨大的。

国家统计局公布，2024 年全国居民人均可支配收入 41314 元，比上年名义增长 5.3%，扣除价格因素实际增长 5.1%。全国居民人均可支配收入中位数[4] 34707 元，比上年名义增长 5.1%。按全国居民五等份收入分组，低收入组人均可支配收入 9542 元，中间偏下收入组 21608 元，中间收入组 33925 元，中间偏上收入组 53359 元，高收入组 98809 元。

另外一个动力是中等收入群体的增长。现在人均可支配收入中位数 34707 元，刚刚迈入中间收入组 33925 元这个门槛。这些在中位数附近群体收入的提高，将带来消费需求的持续增长。

（二）巨大的潜在供给

再来看巨大的潜在供给，主要包括国民储蓄率、科技创新潜力和人力资源总量三个方面。

国家统计局称，目前没有公布中国国民储蓄率[5]数据，但可以通过"住户部门总储蓄/住户部门可支配收入"来计算。

数据显示，从2021年开始到2023年，我国国民储蓄率一直高于43%，2023年达43.52%。我国国民储蓄率保持在40%以上的高位，远远高于20%左右的世界平均水平。储蓄多了，首先显示居民财富增加了。经济增长离不开投资，离不开买新房子，离不开买新设备，离不开买新的机器和厂房，这些均来自储蓄。适当规模的储蓄，是金融支撑实体经济、开展大规模投资活动的基础，也为化解历史坏账、呆账和可持续的资本投资提供基础。

央行公布数据，2024年末，我国人民币存款增加17.99万亿元。其中，住户存款增加14.26万亿元。

高储蓄率是支撑我国经济发展的重要支持，能支撑银行信贷跟全社会投资的持续较快发展。在当前我国经济转向高质量发展阶段的过程中，稳增长、调结构、补短板依然需要大量的资金配套。

科技创新潜力巨大。

现在，我国全社会研发经费支出稳居世界第二位，研发人员总量、PCT国际专利申请量连年居世界第一，集成电路、人工智能、量子信息等领域取得了一批新成果，科技创新对经济社会发展的支撑引领作用显著增强，全球创新指数排名位列第11位。2024年，我国全社会研究与试验发展（R&D）经费投入总量超过 3.6 万亿元，比上年增长 8.3%，实现稳定增长，投入总量稳居世界第二位。我国基础研究经费支出为 2497 亿元，比上年增长 10.5%，比研究与试验发展经费增速快 2.2 个百分点；占研究与试验发展经费比重为 6.91%，比上年提升 0.14 个百分点，延续上升势头。

我国每年理工科毕业生比美日欧毕业生的总和还要多。中国在高科技领域发展迅速，在大数据、人工智能、生物技术以及绿色能源等细分领域取得了领先优势，同时中国教育体制培养出了大批的工程技术人员，为引领经济全球化积累了一定程度的技术优势。

应该看到，某些国家搞了很多"从 0 到 1"的原创，这些国家有骄傲的资本。但中国现在也在支持原创，并且中国"从 1 到 100"搞得非常快，这得益于中国大量工程师持续不断地奋斗。中国一个大公司可能有十几万研发人员，在国外不可想象这样的规模。

人力资源总量支撑坚实。

国家统计局数据，我国劳动年龄人口平均受教育年限继续上升。2024 年，16—59 岁劳动年龄人口平均受教育年限达 11.21 年，比 2023 年提高 0.16 年。人才发展红利加快释放，为高质量发展和现代化建设提供基础性支撑。截至 2023 年，我国公民具备科学素质的比例达到 14.1%。

我国在 2022 年开始出现人口自然增长率首次负增长，当时 65 岁及以上人口占比 14.9%，意味着中国已正式步入老龄社会。对于这样的数据，当前社会舆论表现出极大焦虑。学术界的一个流行观点是随着人口总量见顶下降，我国的人口红利将消失，总需求将不足，社会创新能力将下降，从而导致经济增长潜力出现显著下降。

出现这些误解是因为没有认真区分人口总量和人力资源的概念，影响一个国家或者一个地区经济发展的核心要素，不是人口总量和年轻人总量，而是愿意参加社会经济活动的、活跃的、健康的、有技能的人口总量。随着中国人均预期寿命和人均受教育水平的不断提高，传统意义上的劳动年龄人口总量，已经不能准确反映全社会人力资源的现状。

根据我们团队的测算，即便中国的人口总量已经达峰，并且劳动参与人口总量的峰值已经过去，我国的人力资源总量在2040年前仍将持续增长，并将在2040—2050年间保持稳定，这得益于日益提升的健康水平和受教育水平。

我国经济增长潜在增速依然强劲。如果我国的人力资源能得到有效提升和充分利用，国民受教育水平和健康水平的提升可以有效抵消人口老龄化的负面冲击。我们也观察了国内一些同行和研究所的预测数据，将这些数据做算术平均，2021—2025年、2026—2030年、2031—2035年我国经济潜在增速约为5.81%、5.31%、4.77%。这些数据和我们的研究几乎接近。这一潜在增速，完全可以为实现建设成为中等发达国家的目标和实现中国式现代化提供坚实的经济基础。

三、2025年是转折年、逆转年

2025年是"十四五"规划收官之年。我们建议，中央政府在2025年增发国债置换地方债，以更大力度争取在3年内彻底解决地方债务问题，通过改变政府负债结构，减轻地方政府债务压力，释放经济活力；同时辅以配套的结构性改革，匹配地方政府财权事权，防止地方债务再次无序扩张。

我国现在存量的国债占 GDP 比例是 25%左右，经济发达国家都是在 70%、80%，有的甚至是 100%以上，日本是 220%以上。

我们看到，为支持地方化解债务风险，我国 2024 年下半年制定实施了近年来力度最大的一揽子化债方案，合计安排 12 万亿元政策资金。2024 年的 2 万亿元置换额度，在 2024 年 12 月 18 日已经全部发行完毕。2025 年的 2 万亿元置换债券，截至 2025 年 1 月 10 日时，已启动相关发行工作。

上述政策实施都已经取得一些成效。地方政府当期流动性压力大为减轻，通过置换，大大减少了债务利息支出，给地方政府腾挪出更多支持内需的空间；债务透明度大为增加，从原来的法定债、隐性债并存，逐步向全部债务规范透明管理转变。包括主要评级机构、国际组织在内的国内外各界对此给予积极评价。

财政部在 2025 年 1 月 10 日国新办新闻发布会上介绍，2025 年将安排更大规模政府债券，包括超长期特别国债[6]、地方政府专项债券等。

我们认为，发行长期国债，由金融机构来购买长期国债，既安全，流动性又强。中央政府拿长期国债通过某种方式置换地方债，是打通"冰火两重天"困境的办法，本质上是打通循环。

我们还建议，同步延长基础设施融资工具的期限，尽力避免融资期限错配问题再次出现。

党的二十届三中全会《决定》中明确，推进消费税征收环节后移并稳步下划地方，完善增值税留抵退税政策和抵扣链条，优化共享税分享比例。研究把城市维护建设税、教育费附加、地方教育附加合并为地方附加税，授权地方在一定幅度内确定具体适用税率。合理扩大地方政府专项债券支持范围，适当扩大用作资本金的领域、规模、比例。

从长远来看，增加以消费为导向的地方政府财政收入，完善社会消费品零售和服务消费统计体系，在地方政府考核中增加居民收入增幅指标与消费增长指标，推动我国政府从投资型、项目型的政策取向，转向提供基本公共服务、帮助百姓增加可支配收入从而增加消费的政策取向。

关于提振消费，我们建议由中央政府发行消费券。2025年1月，国家实施了手机、平板、智能手表（手环）购新补贴方案。我们认为，力度可以再大一些，这样的补贴，政府根本不亏钱，还有利于消费。但目前还没有补贴服务消费。

政府发放消费券鼓励消费或者补贴老百姓，这样的短期运作就能够提升消费，进而提升整个中国经济短期的增长活力。我们的研究测算表明，发消费券的做法，中央财政基本上不用花钱，但是换来的是百姓消费的信心，换来市场的繁荣，换来了中国经济整个走势的上升。

以旧换新是2024年一揽子增量政策中效果明显的政策之一，建议2025年能够继续扩围，扩展到服务消费。服务消费补贴的重点是低收入群体，这些人的边际消费倾向最高，但是消费能力比较弱。

我国要以全球化新引领者的姿态主动开放应对本届美国政府的关税政策。我国应以东道国禀赋和全球价值链为依托，推动中国企业拓展产品和服务出口，成为全球化新引领者，促进各国共同经济增长。同时，通过扩大市场准入、提供国民待遇、增强外资企业服务保障等措施，积极吸引外资企业。

2024 年中央已经有一系列政策出台，2025 年又加力扩围实施"两新"等政策，我们期望，2025 年是多年以来增长速度不断下行趋势得到逆转的一年，是一个转折年、逆转年。

注释：

【1】潜在经济增速：是生产要素在现有技术条件下优化组合所能实现的经济增长速度。通俗地说，是一个国家或地区在各种资源得到最优和充分配置条件下所能达到的最优增长水平。理论上，经济增长是沿着潜在经济增速轨道运行的。但现实中，自然、社会、政策等因素都会对影响经济增长的主要变量形成扰动或冲击，使得实际经济增长并不能与潜在经济增速完全一致。实际经济增长往往围绕潜在经济增速波动，且始终在向潜在经济增速收敛，是一种正常现象。

【2】"内卷式"竞争：是指行业内大多数企业以低于边际成本的价格销售产品，全行业亏损面、亏损率异常高的一种不可持续的行业竞争格局。

【3】民间投资：民间投资是我国固定资产投资保持较快增长、经济保持平稳运行的重要支撑力量，对稳增长、促改革、调结构、惠民生、防风险起到了重要作用。为进一步发挥民间投资的作用，应放宽民间资本市场准入，加强和改善政府服务，不断构建新型政商关系、主动服务民间投资，营造公平竞争的投资环境。

【4】全国居民人均可支配收入中位数：是指将所有调查户按人均可支配收入水平从低到高顺序排列，处于最中间位置的调查户的人均可支配收入。

全国居民人均可支配收入五等份分组是指将所有调查户按人均收入水平从低到高顺序排列，平均分为五个等份，处于最低 20% 的收入群体为低收入组，依此类推依次为中间偏下收入组、中间收入组、中间偏上收入组、高收入组。

【5】中国国民储蓄率：国家统计局目前尚未发布"中国国民储蓄率"，"国民储蓄率"可通过"中国资金流量表"相关数据计算，具体公式是：国民储蓄率 = 住户部门总储蓄 / 住户部门可支配收入。其中，住户部门总储蓄 = 住户部门可支配收入 - 住户部门最终消费。

【6】超长期特别国债：特别国债，就是指在特定时期阶段性发行的具有特定用途的国债。我国曾在 1998 年、2007 年和 2020 年分别发行过三次特别国债。从历史经验来看，特别国债发行对经济社会稳定向好发展产生了积极影响。超长期，主要指发行期限。当前，我国长期国债的期限一般在 10 年及以上。超长期特别国债的发行期限原则上会高于 10 年。

宏观政策与结构改革需共同发力

黄益平

北京大学博雅特聘教授、北京大学国家发展研究院院长、北京大学南南合作与发展学院院长、北京大学数字金融研究中心主任。2024 年 3 月担任中国人民银行货币政策委员会委员。主要研究领域为宏观经济与金融政策。

近年来，中国经济增长下行压力较大。这大概有两个方面因素，一是需求不足，二是信心不足，两方面又相互交叉影响。

疫情后，政府、企业、居民的资产负债表受到影响，收入、就业受到影响，企业扩大生产的意愿较低，消费、投资活动都相对疲软。这让我们比较直接地看到，需求不足问题是经济周期[1]的问题。

其实，经济有周期、起起伏伏，这是一个正常现象。但在需求不足时，我们需要加大宏观政策的调控力度来平稳周期。可以看到，当前，我国财政政策、货币政策的调控力度均已大幅提升。不过，对于中国而言，我们需要关注的不仅是短期内"今年、明年怎么样"，还要关注"未来10年、几十年"的发展问题。我们不仅需要短期内宏观政策的刺激作用，更需要关系未来长远发展的结构性改革[2]政策。

一、宏观经济政策力度要多大才行

中国的宏观经济政策与一般市场经济国家的框架有所不同，我们有时会使用数量工具，甚至会采用行政手段。中国的独特做法与国家处于转型经济和发展中经济密切相关。当市场机制未完全成熟和健全时，非价格工具的效果可能更好。这样做有利于调控宏观经济。

其实，宏观经济政策的目的是帮助平稳经济周期。周期本身并非坏事，经济扩张了，项目增加了；经济回落了，一些项目就会退出。在市场起决定性作用的情况下，效率较差的项目会先退出。经过一个周期后，经济质量还会提升。

在需求不足时，加大宏观经济政策的力度，可以帮助我们平稳周期。值得注意的是，这是平稳周期并非消灭周期，周期仍然存在。只要变得平稳，经济就可以实现更长期的增长。

（一）提升宏观政策力度，改变市场预期与行为

疫情之后，我国出口、投资和消费都呈现了一定程度的复苏，但总体来说，经济增长的力度还是不太强劲。其中一个非常重要的因素是资产负债表的收缩。

疫情期间，家户消耗了大量以前积累的储蓄，企业则增加了不少负债。我国政府在疫情期间没有采取给家户和企业发放现金补贴的做法。这意味着当疫情结束的时候，我国家户和企业的资产负债表受到很大程度的挤压。疫情后房地产市场再度出现较大震荡，令家户的资产负债表进一步收缩。在这一大背景下，我国经济的总需求偏弱就比较容易理解。

按理说，总需求偏弱的时候，宏观经济政策应该发挥扩张的作用。事实上，在2023年年初和2024年年初，政府都决定当年的宏观经济政策基调为积极的财政政策和稳健的货币政策，后来央行官员将"稳健的货币政策"进一步界定为"支持型"（accommodative）货币政策。但实际情况是，在那两年间，宏观经济政策刺激的力度一直低于市场主体的预期。2023年全年广

义的财政支出仅增长 1.3%，而支出扣除收入后的净支出下降了
1.3%。货币政策利率虽然经历了几次小幅的下调，但因为通胀
率下降幅度更大，实际利率有所抬升。总体看，宏观经济政策尚
未从根本上扭转经济的疲软态势。

中国的宏观经济政策刺激力度偏小，这看起来多少有点奇
怪。过去几十年，我国政府宏观政策都是以雷厉风行、立竿见影
著称的。近年偏温和政策的背后，可能有一系列原因。有人比较
清晰地描述了宏观经济格局的变化，即从过去的"易热难冷"过
渡到了现在的"易冷难热"，这是因为经济发展进入了新的阶段，
包括消费、出口甚至投资在内的总需求不再像之前那么强劲。这
实际上就对宏观经济政策提出了新的挑战。

不过，宏观政策力度偏弱，还有一些更为具体的解读。第
一，以往刺激政策取得很好的效果，但也产生不少副作用，比如
高杠杆、低效率、资产泡沫等，这使得一些人对采取力度极大的
刺激政策持保留态度。这也是正常现象。

第二，GDP 增长率在 5% 左右，也许在有些人的眼中，经济
形势可能没有那么糟糕。美联储采取超常的量化宽松政策，第一
次是全球危机时期，第二次是新冠疫情时期，都是在面临危机时
采取激烈措施。我国现在 GDP 增长速度保持在 5% 左右，采取
激烈的刺激政策的必要性，确实是可以讨论的。

第三，宏观政策擅长于支持供给，不擅长支持消费。进一步
的刺激政策很可能会加剧产能的矛盾。

第四，因为我国政府的行政动员能力很强，特别是宏观经济
政策放易收难，决策部门因而采取相对审慎的态度。

这些理由听起来都是有道理的，但这些理由都是有特定的背

景和条件的，如果背景和条件发生了改变，那可能就需要调整决策的思路。我认为，当下宏观经济政策力度应该提升，让经济变得更加平稳。

宏观经济政策的直接功能是在经济疲软时增加总需求。当总需求增加时，经济就会开始回升；另一个重要功能是引导市场预期。我们当然需要平衡稳增长的目的和其将来可能的副作用，但如果是增长下行压力比较大的时候，宏观经济政策的力度一定要足够大，让市场参与者认为经济将发生方向性的转变。如果大家都朝着一个方向努力，就会有事半功倍的效果。如果政策力度不足，就很难改变市场参与者的预期与行为，政策效果就会事倍功半。

诺贝尔经济学奖获得者、耶鲁大学教授罗伯特·席勒专门研究金融市场，他最重要的发现就是投资者市场是非理性的，情绪起很大作用。2013年席勒出版了《叙事经济学》一书，书中指出，如果能够形成一个可信、有说服力的叙事方式，就可以引导市场参与者的行为，朝着叙事的方向前进。叙事经济学其实是一种心理学甚至艺术，要让大家真诚地相信，强迫是不行的。当然，有影响力的"叙事"有时候不见得是合理、理性的，所以也很容易造成泡沫和风险。

2009年年初，国际市场的铜价突然暴涨。一开始大家并不理解背后的原因，因为铜市场并没有出现严重的供求失衡。后来经调查才发现，中国宣布"4万亿"刺激政策之后，铜价开始上涨。主要是因为刺激政策中有一个重要项目，即更新国家的电网系统。因为电网系统使用大量的铜，因此，"4万亿"刺激政策一经宣布，国际铜价就开始上涨了。

（二）三个因素值得注意

好消息是，2024年9月底，我们的政策已经发生转向。中共中央政治局会议以及央行、财政部等部门关于"加大财政货币政策逆周期调节[3]力度""实施更加积极有为的宏观政策""提高财政赤字率"等表述，以及一系列财政、货币政策，让我们看到，货币政策和财政政策的力度已经在大幅提升。

宏观政策已经在发挥作用，但是否足以推动2025年经济稳步向好、大幅度向好，还需要考虑其他因素。

第一是房地产市场。房地产在整个经济中的占比非常大，在过去30年对经济起了非常关键的作用。在4万亿刺激政策以后，真正推动经济景气的最重要的变量，可能就是基建和房地产。

这意味着在这一轮经济重新回升的过程中，我们可能面临三种情况，一是把房地产行业拉起来；二是房地产不能再像过去20年那样大幅度回弹，但能否稳定在一定程度，避免其变成明显的负因素，同时把新兴行业发展起来，拉动经济增长；三是新行业还没能成为拉动经济增长的主要因素，房地产也不可能再回到过去，这时，我们需要接受一段时间内经济增长不强劲的局面。这三种可能性都存在。

第二个因素是地方政府行为。在过去的4万亿刺激政策中，一旦中央发布号令，地方政府往往能迅速响应，甚至加码执行，从而有效刺激经济，雷厉风行、立竿见影。经济迅速好转，其中很大一部分原因是地方政府发挥了作用，他们利用土地财政和地方融资平台筹集了大量资金。然而，现在这两个渠道基本已经关闭，土地资源有限，地方融资平台再借钱也受到约束，因此地方政府在财务上面临一定压力。

政府提出来用"政府过紧日子"换"老百姓过好日子",非常了不起,但这也可能出现一些意想不到的结果,就是"政府如果过紧日子,老百姓能不能过好日子"。从财政支出角度看,政府过紧日子变成了紧缩行为。而我之前提到,经济下行主要是总需求不足,这时,如果政府支出再减少可能会出现问题。对此,目前很多地方正在逐步调整,但还没有公开数据。

过"紧日子"相当于节流,另一个问题是开源,一定要避免地方政府的趋利性执法[4]行为。国家现在也非常重视这个问题,2025年应该会有较大改观。如果上述两方面能扭转,2024年曾经给经济造成较大紧缩效应的地方政府行为,在2025年会有很大缓解。

最后一个因素,是外部环境的变化。当下,中国对美国的出口相当于GDP的3%,还有一些其他出口是通过其他国家、其他产品的间接渠道完成的。对美国出口份额还比较多。若因加关税导致我们的出口减少,那么对总需求也会造成压力。

我们曾与美国智库专家交流,他们提到,当下美国政府非常推崇"America First"——"美国优先",这就对共同规则提出了较大的挑战。

这也意味着,美国过去引领的全球化浪潮,可能已经结束。我们原先理解的全球化——各国在共同市场里遵守共同规则,今后会发生非常大的变化。

比如加关税,4月以来,美国政府轮番对华加征关税,许多中国输美商品累计关税超过100%;同时,美国此前也已经宣布,重新退出巴黎协定。

这预示着美国未来可能减少在国际贸易中的参与度。过去几十年里，很多国家的增长都是从自由贸易体系中获益。它固然存在一些问题，但如果要抛弃这样的体系，对于高度依赖贸易的欧盟、东盟国家来说，是一个非常大的打击。

当下美国不喜欢任何贸易逆差[5]，并认为这是极其不公平的事情。这种想法和政策确实偏离传统经济学的分析框架。

有人说，美国政府只是想达到限制效果并收取税款，因为他准备对美国企业降税。对美国企业降税就意味着税收收入会减少，从哪里补？进口税。这样一来，政府收取了很多费用，财政可以平衡。但这笔钱到底由谁支付，他并不关心。

有美国官员表示，未来美国将在国际贸易中主要依靠自由贸易协定（FTA）。美国将更注重对等贸易，未来可能更多依赖双边协定来处理与其他国家的贸易关系。这一转变可能对全球化的多边贸易体系，特别是布雷顿森林体系，产生深远影响，至少在未来一段时间内如此。

中美之间未来如何，国内外专家有一致的看法，即贸易冲突和壁垒将会增加，未来一段时间内经济矛盾会比较突出。对此，我们需要有一定的预期。2025年的出口可能会变得比较困难，但具体的困难程度取决于我们未来能否与美国达成协议，这是值得关注的问题。

（三）宏观调控的政策建议

我国可以考虑在以下几个方面做一些政策调整，改善宏观调控的效果。

一是重视对市场预期的引导。直接增减总需求只是宏观经济政策的一部分功能，更为重要的是改变市场预期。前文提到，如果企业家、投资者、消费者的预期改变了，宏观调控措施就可以做到事半功倍。改变预期，首先要求加大宏观经济政策力度，给市场情绪足够大的冲击。同时也要关注"叙事经济学"的作用，如果过多渲染降薪、补税，市场主体很难对未来变得更加乐观。

二是中央政府和中央银行承担宏观经济调控的主体责任。过去地方政府有意愿、有能力、有资源，中央的宏观经济政策效应很容易被放大，但现在基于多方面的原因，地方政府不太可能再继续发挥那样的作用。这意味着如果中央政府要刺激经济活动，就必须有足够大规模的财政开支，预算必须做足，而且要能够落得下去。

三是对"逆周期调节"的关注要放在"跨周期调节"的前面。如果因为担忧将来出现跨周期的副作用而减弱了逆周期调节，那宏观经济政策也相当于"自废武功"了。正确的做法应该是采取配套措施缓解这样的矛盾，比如过去的刺激政策容易造成类似于泡沫、杠杆、效率等方面的副作用，一个原因是刺激过度，现在这个风险已经减小。另一个原因是宏观经济政策"放易收难"，归根到底还是因为市场化改革不彻底，该收的时候财政与央行很难收回来，这就要靠进一步的结构性改革，强化市场纪律。

四是加强财政、货币与行业政策之间的协调。过去这方面的问题比较大，现在党中央加强了对经济工作的集中统一领导，应该更有可能做到不同的政策之间相互配合、劲儿往一处使。

再提几点短期的政策建议供参考。

首先，应把追求温和通胀的重要性提高到与追求经济中速增长一样的地位。

当下通胀率相对较低。通常，老百姓不喜欢价格涨幅较快，但从经济学角度来看，价格不涨，尤其是价格下跌，这对经济的伤害甚至比价格上涨还要严重。

通俗地讲，很多人认为价格不涨说明生活水平和生活质量指数稳定，但是从企业家的角度来看，情况可能有所不同。在价格不涨的情况下，消费者不愿意接受涨价，生产者就无法涨价，他们就不可能给员工加薪，也不愿意投资，不会再雇用更多员工。消费者也就不会有新的工作，也不可能涨工资。低通胀是一种预期的恶性循环，即使价格一直不变，也对经济活动非常不利。在过去的一段时间里，我们一直担心经济能否从低通胀中走出来。

其实，我们应该追求温和通胀，这对经济相对比较有利。

每年的"两会"都会宣布经济增长与通货膨胀的目标，但政府对前者更为严肃。现在经济"易冷难热"，若真的陷入"低通胀陷阱"，后果会比较严重。所以建议将 CPI（消费者物价指数）增长 2%—3%明确为刚性政策目标。

其次，尽快把已经安排好的财政开支落实下去。2023 年，广义的财政开支滞后于年初的计划，目前看 2024 年可能也是如此。应该改变"重投资、轻消费"的政策理念，采取支持消费增长的财政手段，包括让农民工在城市落户和直接给老百姓发钱。

最后，发挥主权信用的作用，修补脆弱点，降低资产负债表风险。当前经济疲软，背后有三个相互关联的因素：缺乏订单、信心不足和资产负债表收缩。当前，家户、企业、地方政府和金融机构的资产负债表都面临较大的压力，应该及时防止恶化趋势。可以考虑更好地发挥主权信用的作用，由中央政府承担一定的责任，稳定市场，稳定信心。

二、两个关键的结构性改革政策

经济周期性问题是短期问题，对中国经济来说，更重要的肯定不是"这个月怎么样，下个月怎么样"，而是"今年，明年、未来 10 年怎么样"，这是我们要面对的更重要的问题。

宏观政策转向是刺激政策，与此同时，结构性改革的政策也要跟上来，经济才能持续向前。否则，很多政策效果会大打折扣。

（一）提高老百姓收入，完善社会保障

外界一直关注，我国的消费比较疲软，但事实上，老百姓在银行有很多存款。2020 年 1 月份到 2024 年 8 月，中国居民的银行存款增加了 65 万亿人民币，相当于 9 万亿美元。但这 9 万亿美元放在银行里是一直不动的。

中国的消费占 GDP 的比例较低，占 56%，比世界平均低 20 个百分点。消费不足，一方面，会带来产能承压的问题，这是我们现在面临的比较大的结构性问题；另一方面，则关系国家经济发展的目的。

其实，改革开放以来，产能压力长期存在。早年的服装、鞋子，后来是家电，再后来是钢铁、氧化铝、水泥，一路走来，产能问题一直存在。但在相当长的时间，这部分产能的压力没有真正影响经济增长，原因就在于我们过去处在全球化时代，很多产品出口到了国际市场。但现在，这种情况很难继续，因为全球市场环境改变了。举个简单的例子，过去中国不管出口多少产品，

没人觉得有太大的问题，现在刚刚开始出口一些"新三样"，某些国家就很敏感。

发展经济是为了满足人民群众对美好生活不断增长的需求。所以，我们要不断改变增长模式，让大家都享受发展的成果。

扩大消费方面，国家现在"以旧换新"做得很好，但这很难长期持续。现在产品都是耐用品，比如老百姓换了一个冰箱，可能10年内都不换了。

所以，扩大消费的核心，一是收入，二是信心。要提高老百姓收入，需要完善社会保障，这是根本性问题，需要通过改革才能完成。

（二）规范地方政府招商引资行为

中国改革成功的关键，在于非常务实的改革策略。所谓务实的改革政策，在我看来是三点，一是政策调整必须能够落地；二是策略要有结果导向；三是持续向前推进。

在宏观政策转向后，我们需要结构性改革的政策，而核心之一就是进一步改善政府和市场之间的关系。

改革开放以来，市场在经济发展中的作用越来越大。我们常说，有效市场、有为政府要结合起来，但怎么结合是我们长期需要解决的问题。

回顾改革开放的历史，地方政府一直在经济发展中发挥着非常重要的作用。

很多学者将"行政放权"视为中国经济改革成功的重要经验之一，即经济决策权限从中央转移至地方，这一变革大大提高了地方的积极性并极大地激发了经济动能。地方政府在决策时，能够更贴近当地实际情况，资源配置更加优化，并更能灵活应对地方新兴的经济形势，所以工作效率与经济效率的提升都十分显著。

长期以来，地方政府非常积极努力地推动经济增长。北京大学光华管理学院周黎安教授等人的研究揭示了地方政府间存在的一种独特现象——"GDP锦标赛"。其背后的逻辑在于，地方GDP增长速度有助于提升当地主官获得晋升的可能性。这促使各地区之间展开了激烈的竞争，地方政府首长化身本地经济CEO，纷纷努力超越过去及邻近地区的经济增长速度，从而形成了我国在很长时期内经济增长的重要动力机制。行政放权在推动经济增长方面的积极作用，是一个不容忽视的客观事实。

虽然过往的行政放权在促进中国经济增长中发挥了积极作用，但资源配置权限从中央政府向地方政府的转移，并不等同于市场化改革的完成，关键在于决策权应合理地向市场和企业转移，而非仅停留在政府层面。

产业政策理论上来说，要帮助克服市场失灵，而不是替代市场职能。

地方政府活跃的招商引资政策与中央权限下放到地方密切相关，在各地经济发展竞争中扮演了重要角色。但是，产业政策在特定情境下发挥积极作用的前提是，市场存在失灵现象。当市场失灵时，产业政策若能助其克服，则可能产生正面效应。然而，产业政策往往容易偏离初衷，导致效果不佳。

以电动汽车为例，根据国内外学者对电动车补贴问题的研究，中国政府对每辆电动车的实际补贴额度与欧美国家相比并未呈现明显差异。虽然显性的补贴并不多，但隐性支持相对繁杂。

各地方政府的招商引资政策包含多种多样的隐性补贴，如减免税收和降低土地使用费等。

违规政策优惠的后果是，一些领域出现了重复建设，比如全国目前有七八十家电动汽车公司，几乎每一家背后都有地方政府的影子。

政府支持产业发展并不少见，产业政策也很普遍，但各地政府在缺乏独立的资产负债表的情况下，大量投入各种资源支持产能复制，而不是技术门槛的突破，这可能是有问题的，导致创新产业在地方政府支持下过度集中。

究其根源，这些政策往往超越了单纯克服市场失灵的范畴，特别是在新能源产品领域。最需要政策支持的是那些技术门槛过高、单一企业难以承担或成本过高的项目。而当前一些地方政府的招商引资政策，却往往聚焦于复制和放大已成熟技术，甚至导致产能问题和效率低下。因此，规范招商引资行为显得尤为重要。

对此，《中共中央关于进一步全面深化改革、推进中国式现代化的决定》已明确，规范地方招商引资法规制度，严禁违法违规给予政策优惠行为。

在我看来，将来，地方政府也许可以将有限的资源集中到以下三个领域：一是维护社会秩序、保障公平竞争，二是提供公共服务，三是建设公共基础设施。如果地方有能力、有资源，当然可以制定并实施产业政策，但前提是地方政府要对资金来源与后果承担责任。

总之，若地方政府能更多地聚焦于克服市场失灵、维护市场秩序和提供公共服务等核心职能，这将是市场机制得以充分发挥作用的重要条件。

正如党的二十届三中全会强调的，应"充分发挥市场在资源配置中的决定性作用，更好发挥政府作用"。这对于推动我国经济健康具有深远意义。

最后补充一点，我们还需要重建企业家的信心。这两年经济增长压力较大，有宏观问题，也有外部因素的问题，但企业家信心能不能提振，是决定经济能不能持续向好的重要因素。党的二十届三中全会提出一系列支持民营经济的政策，制定民营经济促进法、"民营经济31条"等，国家的很多政策措施都非常好，现在要做的就是让这些好政策落实下去，让企业家真正相信，未来面对的是公平有效的良好市场环境。

注释：

【1】**经济周期**：是经济活动的自然波动，一般指经济活动沿着经济发展的总体趋势所经历的有规律的扩张和收缩，是国民总产出、总收入和总就业的波动，是国民收入或总体经济活动扩张与紧缩的交替或周期性波动变化。理解其规律有助于制定有效的政策和投资策略。

【2】**结构性改革**：指通过体制机制的改革实现经济结构的转型升级。

【3】**逆周期调节**：逆周期调节是指在经济周期波动中，政府或中央银行通过政策工具反向操作，以平滑经济波动、促进稳定增长。具体来说，在经济过热时采取紧缩政策，在经济低迷时采取宽松政策。

【4】**趋利性执法**：一般指执法机关在执法过程中，出于对个人或部门利益的追求，而采取的违背法律原则和公正原则的执法行为，其中，异地抓捕民营企业家，查封、冻结，甚至划转外地企业和个人财产的

情况，也被外界称为"远洋捕捞"。

【5】贸易逆差：贸易逆差亦称"贸易入超"，各国家或地区在一定时期内的进口额大于出口额的现象。一般表明一国的对外贸易处于较为不利的地位。

我国宏观经济潜力亟待完全释放

刘尚希

中国财政科学研究院高级研究员，经济学博士。第十三届、第十四届全国政协委员，国家"百千万人才工程"专家，中国经济 50 人论坛、金融 40 人论坛成员，若干中央部委及地方省市的政策咨询委员。

　　中国经济基础好、优势多、韧性强、潜力大，这是大家的共识。要看到成绩，也要正视问题；要看到诸多的有利条件，也要看到不利条件还不少；要增强我们的信心和战胜困难的勇气，就要清醒认识当前经济发生的深刻变化以及由此带来的不同以往的困难和挑战。

　　在评估宏观经济形势时，我们通常重点关注经济增速。全球范围内，中国经济的增速并不算低，2024 年经济增速达到了5%，虽然相较于过去有所下降，但在全球主要经济体中，仍十分亮眼。

　　不过，通过对比名义增速、潜在增速、目标增速等指标，我们能够清楚看到当前宏观经济发展态势：潜力尚待完全释放，经济增速尚未达到正常状态，社会转型滞后于经济转型升级。

　　高质量发展必须以一定的经济增速为基础。2024 年 9 月以来，新的宏观经济政策相关措施陆续出台，政策背后的相关逻辑也由化风险向促增长转变。从 2025 年政府工作报告提出国内生产总值增长目标 5% 左右，发展预期目标与 2024 年一致，可以预测，当下及未来，宏观经济政策仍有拓展空间。但当前更应担心经济收缩问题。我国经济增速必须回归常态，且经济增速需保持在5% 之上。

　　当前的经济增速实际上背离了正常的状态。这种现象可以用

"经济增速倒挂"来概括,即名义增速低于实际增速,平减指数[1]为负。2024年实际经济增速5%,而名义增速为4.2%,两者相差0.8个百分点。在正常状态下,名义增速应略高于实际增速,平减指数为正。但目前的情况是名义增速低于实际增速,这一现象从2023年就已经开始出现,这表明当前的经济增速不是常态,经济潜力没有充分发挥出来。

一、名义 GDP 低于实际 GDP,意味着什么

从国民经济核算的角度来看,实际增速和名义增速的差别,一个是按现价[2]来计算名义 GDP,一个是按不变价[3]来计算实际 GDP。观察现实经济生活,实际的 GDP 和名义的 GDP 正是形势分析的切入点。

实际 GDP 扣除了物价影响,从实物经济的角度观察经济增长。然而,市场经济关注的是价值和价格,若是当期的 GDP(财富增量)按当期价格计算的结果,低于按照不变价计算的结果,在价值上并没有实际增长那么多,表明财富增量已经在贬值,并容易引发财富存量贬值。财富价值贬值这种情况若是普遍发生,会导致风险循环累积、资产负债表恶化,并形成负反馈收缩。

当名义 GDP 低于实际 GDP 时,政府收入、居民收入和企业利润都会减速,因为这些都与名义 GDP 挂钩。

当名义 GDP 低于实际 GDP 时,经济循环中的价值补偿不能完全实现,企业层面的微观经济循环就会收缩,微观经济收缩就会导致宏观经济的负反馈——供需相互拉低,价格低迷,进而导致宏观经济收缩。

这将进一步改变经济主体预期，如投资减少，消费乏力，社会总需求不足；企业的生产经营也会受到影响，订单减少，市场需求不足，生产经营难以扩张，企业的营收也会下降。

当前上市公司、中小微企业的营收和利润普遍下降，反映在政府税收上，税收下降，但非税收入在增长；企业利润越来越薄，"内卷"越来越厉害；居民收入增长预期弱化，消费也在缩减。

从单一的经济增速数据来看，当前的经济增速不算低，放在全球来看也是相当亮眼，但这个数据是非常态的反映，是负反馈收缩背景下衍生出来的一个结果。至于具体的指标，如固定资产投资增速、居民消费信心不足等，都反映出当前经济面临的风险挑战不可轻视，提升预期还需要时间。这就是我国当前面临的困难和挑战所在，是需要我们高度重视和正视的。

将2024年的经济增速放在更长的时间跨度背景下看，近10多年的增长曲线呈现出阶梯式下降的趋势。自2010年以来，经济增速从两位数降至一位数，然后跳过了增速8%这个台阶，落在增速7%的这个台阶。在这个台阶徘徊了4年，下落到了增速6%的台阶，在这个台阶又徘徊了4年，跳过了5%直接落了4%的这个台阶，现在已经在4%的增速台阶上，2024年总体上站到5%这个台阶上。但2024年5%这个台阶的基础尚待进一步夯实，2025年及以后要站稳在这个台阶上，必须在宏观政策创新、改革方式创新上下工夫，并形成政策和改革的最大合力。

目前，我们强调质的有效提升和量的合理增长，以高质量发展推动中国式现代化。高质量发展必须以一定的增速为基础，没有这个基础，高质量发展将难以实现。经济增速是否处于常态，直接标识了发展质量的高低。目前看来，我国尚未达到正常的经济增速，这说明高质量发展遇到了障碍。这就是我国当前面临的经济形势。

面对这种新形势，我们努力的方向是什么？首先就是要使经济增速回归正轨，达到正常状态。宏观经济调控的目的在于使经济增速保持在一个合理的区间。这个合理的区间还应包括正常的经济增速，即名义 GDP 增速应高于实际 GDP 增速，实现经济增速达到潜在经济增速水平，同时实际增速与战略目标所需要的增速应基本匹配。这才是宏观经济调控必须实现的目标，也是合理的增速区间。

二、必须关注价值链

现在的经济问题再用传统的经济学，无论是微观还是宏观，很多问题都是无解的。我们的经济思维实际上仍然是从实物经济的范式出发，强调物理量。比如汽车产量增长了，设备生产增长了，运输的货物增长了，但营收增长了吗？利润增长了吗？现在很多企业，从物理量来看是增长的，但价格跌得更快，所以有的企业并不挣钱。

当我们在讲产业链、供应链的时候，实际上是下意识地以一种实物经济的概念理解经济的运行。对于企业或国家而言，供应链涉及生产制造和原材料的持续供应，实物耗损——补偿的循环是产业链和供应链形成的动因，属于实物层面的概念。

然而，在货币化、金融化的现代市场经济中，更为关键的是价值链。如果企业无法通过其产品实现价值补偿，即无法盈利，那么其持续性将受到威胁，可能导致破产，即使生产工艺和技术上很先进，现实中不乏拥有先进技术的企业破产的案例。

而对于国家而言，价值补偿的亏欠，则可能意味着内需不足，经济减速。除了生产者的价值补偿外，要素拥有者的收入链也同样重要。尽管我们经常讨论供应链和产业链，但对价值链和收入链的讨论相对较少。我们有时仍停留在实物经济的范式中，即使在市场经济中，宏观层面上更倾向于关注实物链。这导致决策时不自觉地强调从实物层面做大做强，如一味地追求更先进的技术和更大的产能。

然而，这种偏向可能导致与价值链和收入链的背离。在实物循环中，尽管实物流通量巨大，例如大量原材料的输入和产品的输出，在货物贸易上出现大量顺差，但未必在价值链和收入链上是得利的，企业赚的外汇不等于赚的利润，贸易上的顺差往往离不开大量的退税和低工资的暗补。

我国在货物贸易上是顺差，而在服务贸易上却是逆差。如果将货物和服务结合起来看，我国的顺差并没有表面上那么大。我们经常谈论出口的增长，但都是基于货物的概念，实际上也只是用价格来衡量物理量，而缺少从价值链的角度来考虑问题。在价值链中，微笑曲线（Smile Curve）[4] 的两端并非是制造业，而是服务业，包括研发、设计、品牌和营销，缺乏研发和品牌的生产环节往往是附加值不高，这进而导致我国在收入链中的国际地位更低。这在一定程度上可以解释，为什么我国工资份额在初次分配中占比一直难以提升的原因。静态看是利润挤压了工资，实质上是发展方式惯性内生的低附加值使得工资份额长期难以提高。

目前对制造业的政策关注度很高，制造业在国内生产总值中的比重较高，其生产规模甚至超过了所有发达国家的总和，但在全球价值链中仍处于中低端位置，关键技术和关键零部件的研发设计能力不强，也生产不了，如高端光刻机、高端算力芯片。

我国并没有在微笑曲线的两端占据主导地位，如果能够占据主导地位，许多高附加值的技术和制造就不会成为我国的瓶颈。尽管美国的制造业当前仅占其国内生产总值的 10.3%，但其高附加值使其在多个领域具有显著的国际竞争优势，能够对其他国家施加影响。

相比之下，我国的制造业占 GDP 的比重 2024 年接近 25%，而自主品牌在出口中的占比只有 21%，出口贸易的近 80% 都是非自主品牌，其中外资企业生产的出口货物占了相当大的比重。

我国虽工业大小门类齐全，却仍面临技术瓶颈，这表明我国的产业政策需要转向基于价值链、收入链来重构，并面向国际化、全球化来做进一步优化和调整，避免单一的国内思维。

三、内需不足仍是主要矛盾

我国经济长期面临内需不足的问题，内循环动力不足。过去 10 多年的增长曲线显示，经济增速呈现阶梯式下滑，居民消费率和最终消费率低于全球和发展中国家的平均水平，中国在 211 个经济体中排名倒数十几位。

内需不足的问题始于 1998 年东南亚金融危机，2008 年国际金融危机再次凸显了我国的这一问题。尽管扩大内需已成为战略重点，但内需不足仍是主要矛盾。如何扩大内需，增加消费和民间投资，成为亟待解决的问题。

然而，如果投资难以盈利，如何能扩大投资？政府拉动投资的能力也受到债务和市场需求的约束，单独刺激投资难以取得良好效果，因为最终需求还是消费。消费不振，投资也难以上升。

我国的消费率（即最终消费支出占 GDP 的比重）在世界上处于相对较低的水平，这是经济循环中负反馈内生的结果。有人指出这是收入分配差距大带来的问题，但在经济循环中调节收入分配，只能修正事后的结果，却无法缩小经济循环内生出来的分配差距。理论上通过再分配可以缩小分配差距，从而扩大内需，但实际上这仅仅是"一次性有效"，无法从根本上解决问题，关键是要扭转外向型的经济循环模式，扭转收入链、价值链与产业链、供应链脱节的状况，彻底摆脱低附加值的发展模式，为工资份额的提高，进而扩大内需创造条件。

在外循环方面，中国作为世界第二大经济体，货物贸易量世界第一。2008 年全球金融危机导致外贸依存度下降，我国被迫扩大内需。到了 2020 年，随着各国疫情蔓延开始封闭，我国外贸依存度再次上升。外贸的低成本和确定性使得更多人愿意从事外贸。这种外向型趋势越来越明显，大家都愿意从事出口。出口退税和其他补贴政策也促使企业更倾向于外贸。这导致我国原有的大进大出的外循环模式难以改变，疫情后更是难以摆脱对外需的依赖，形成了强大的经济运行惯性。

内循环受到抑制，外循环被强化，制造业出口占比不断上升，导致我国的制造业大约小一半依赖于出口。从当前的内需和外需来看，内需下降，外需也下降，贸易环境受到了一些内外因素的抑制，全球经济增长预计会进一步下滑，全球贸易额也会进一步走低。在这种情况下，我国面向全球的大约 45% 的产能和产量如何消化，成为一个难题。这不仅仅是传统产业如钢铁、水泥、轻纺业的问题，也包括新兴产业如光伏、新能源汽车等。我国的"新三样"产能和产量在全球范围内具有压倒性优势，但各国不会任由我国的绿色产品涌入。美国、加拿大、欧盟等发达国家，甚至土耳其、巴西等发展中国家都在采取高关税保护措施。在共建"一带一路"国家中，仅有少数国家对中国产品实施高关税，但未来是否会增多，还是未知。现在的国际主题强调"安全与发展"，各国都在强调国家安全、产业安全、经济安全、金融安全。一些关键矿产资源国家，如印尼、秘鲁，已经开始采取限制措施。这意味着我国的制造业结构需要调整。

在市场约束下，如何摆脱外循环的路径依赖惯性，扩大内需，是需要深入思考的问题。同时，我国的制造业能力如此之强，其他国家可能会感到不安全。随着中国的不断发展，需要用新的全球化思维来加强和改善国际合作，形成以我为主的产业链、供应链和价值链、收入链，进一步扩大朋友圈。这意味着需要有序引导产业链全球布局，逐步外移低附加值的生产环节。

但现在社会舆论担心产业外移会影响就业，从更高的认知维度看，这种担心是不必要的。作为世界第二大经济体，作为世界工厂，我国必须具有新型全球化思维，而不仅仅是基于国内和国境。但现在习惯不由自主地基于国内考虑问题，产业政策是国内的产业政策，供应链、产业链更加安全、更加富有韧性，潜意识也是国内思维。如果什么都干，什么都造，高中低产业、产品通吃，那别人就不跟你玩了。技术上高水平自立自强，最终还是要卖出去，若卖不出去挣不到钱，不能实现价值补偿，对企业来说最后还得关门。

市场经济最终的竞争不是技术决定的，而是附加值决定的，技术仅仅是实现经济附加值的手段，更低的成本和更高的附加值，才是市场竞争的利器。技术进步和我国在全球价值链、收入链中的地位提升必须有机结合起来，不能仅从技术角度孤立地考量技术研发。因此，我国当前面临的形势需要从技术和价值的叠加来做全球化的布局和应对，要把扩大内需的基础建立在我国在全球价值链、收入链中地位的提升之上。

四、降低青年失业率有利于扩大内需

当前，青年失业率处于较高水平。国家统计局公布 2024 年12 月份分年龄组失业率统计数据显示，12 月全国城镇不包含在校生的 16—24 岁劳动力失业率为 15.7%。这与经济形势有着密切的联系。从经济学的角度来看，当经济下行时，失业率可能会上升。目前，我国的青年失业率已经高于全球平均水平。

除了经济因素外，失业率上升还有一个非常重要的因素，即社会因素。社会因素主要是指社会转型滞后于经济转型，从而拖累了经济的转型升级。社会转型滞后最典型的莫过于教育治理的行政化，教育发展缺乏活力，导致教育的产品——人才与经济社会发展的需求不匹配。

首先，通识教育和职业教育存在发展滞后的问题。比如财经院校的招生人数正在急剧下降，原因在于毕业生就业困难，许多大学生一毕业就面临失业。这表明我国高校的专业设置，包括高等职业教育在内，与经济社会发展的需求不符。招生指标和专业设置都是由教育行政部门分配和规定的，这种做法与过去的计划经济差不多，高校缺乏法人自主权，办学缺乏灵活性，这导致了教育资源的严重错配，也制约了经济的转型升级。

我们不仅要关注短期的经济问题，而且要从长远角度审视社会转型及其中的教育问题。教育改革应该如何进行？这涉及政府和教育机构之间的关系如何纳入政府和社会的关系框架之中，需要通过改革来理顺。在讨论政府和市场关系的语境下，关注的是经济组织和经济运行，而对政府和社会的关系认知不够，关注不够。

社会运行实际上依赖于国民的自组织过程，包括社会流动，各种民办和公办的社会组织的形成机制。当前社会和政府之间的关系是模糊的。例如，党的十八届三中全会提出科教文卫机构要去行政化，虽然在提升机构活力、优化资源配置、促进专业发展等方面取得了积极成效，但也面临改革不平衡、市场化带来的新问题等挑战。教育和科研院所的去行政化似乎并未取得预期效果，行政化色彩依然浓厚。我国过去讲计划生育，现在虽然逐步放开，但是大家不愿意生育了。物的生产和人的生产是马克思提出的概念。当前面临的最大结构性问题是物的生产和人的生产协同性不够，经济高质量发展和人口高质量发展缺少协同机制。在人的生产中，最重要的是教育、人口出生率以及适老化的社会环境。我国两种生产之间不匹配、不协调，迫切需要出台一揽子的政策和改革，促进社会和经济的高质量协同发展。

影响青年失业率的另一个重要社会因素是城乡二元结构。学界通常把我国1949年以来形成的城乡二元结构纳入经济分析框架，其实，城乡二元结构不只是经济二元，更重要的是社会二元——拥有不同权利的农民和市民两大社会群体，以及由此衍生出来的不同就业定义。青年农民拥有集体承包地，即使失去了非农工作，也不被定义为失业。现有的调查失业率是针对城镇而言的，并不包括农村的隐性失业者——依靠父母种地有口饭吃，但无货币收入的农村青年群体。农村青年无论是否有非农工作，都无法纳入国家失业救济的范围。加上农村青年扎根城市难——农村青年家庭入城难、出村也难，使得农村青年的就业漂泊不定，通过就业和家庭定居来积累人力资本的成本远高于城市青年，这使得农村青年家庭在"低收入陷阱"中难以自拔。无论是在城市，还是在农村，青年就业率偏低，都严重影响了内需的扩大，不利于内循环的做大做强。

五、发展仍是第一要务

自 2024 年 9 月下旬以来，政府推出了一系列新的政策措施。例如，2024 年 9 月 24 日出台了针对资本市场的新型货币政策[5]——通过便利互换，基础货币可进入股市；9 月 26 日召开的政治局会议进一步强调了实施一揽子增量政策的必要性、重要性，并要求与已有的存量政策有机结合，形成最大合力。11 月 8 日，全国人大常委会公布了规模较大的财政政策方案，总额达到 12 万亿元，以化解地方政府的隐性债务风险。中央政府出台了一系列有力的宏观政策，释放出强烈的信号。这些政策涵盖了财政政策和货币政策，既有经济政策，也有社会政策，与以往的存量政策有所不同。

其不同之处在于，政策的底层逻辑发生了明显变化。2024 年 9 月份之前的政策更侧重于化解风险，在化解风险中促进增长，把稳定摆在第一位；而 9 月份之后的政策则更加强调的是促进增长，在促进增长中化解风险，把发展摆在第一位。显然，其政策重心和逻辑关系发生了重要变化。

之前，政策重点在于化解地方债务风险、房地产风险和金融风险，因此出台了金融针对房地产领域的"三条红线"政策、地方政府隐性债务的化债计划、"保交楼"方案等，以确保金融稳定、房地产市场的稳定和地方财政的稳定（2024年9月以来的房地产政策[6]资料附后）。

然而，过度强调风险化解可能会导致与促进增长的目标不兼容。尤其是2024年第三季度经济增长的下行压力显著上升，促使宏观经济政策转向调整。因此，当前政策在防风险和稳增长之间做出了新的选择，更加强调在促进增长中去化解风险。这也反映出决策层对风险演变的把握以及防风险与稳增长之间的关系的认知在进一步深化，并构建了新的政策逻辑。

（一）修复市场估值、稳定资产价格

在名义增速低于实际增速的情况下，如何修复资产负债表成为了关键问题。

对当前的政策梳理后发现，政策发力点实际上落在资产端和债务端。例如，货币政策的创新工具之一是互换便利，这使得央行的资金可以直接进入股市，这在以前是不可能的。尽管股市存在波动，但稳定在3000点以上，显示出政策的效果。

此外，房地产政策的出台也是为了稳定房价，防止进一步下跌引发的连锁反应，如银行不良资产增加和居民断供的风险。稳定楼市、股市等资产价格成为了当前宏观政策的重中之重。

同时，除了稳定资产价格外，还需要化解债务风险，这涉及债务重组的思路。在资产缩水和资产价格下行的情况下，杠杆率自动上升，企业和居民的收缩行为会导致总体支出强度不及预期，稳定资产价格顺理成章地成为政策的逻辑支点。而地方政府在资产价格下跌时采取的"砸锅卖铁"策略，实际上会导致资产价格进一步下跌，因为大家都在出售资产，而接盘者难觅。因此，如何提升资产估值，成为了当前宏观政策中非常重要的一环。

（二）化解债务风险

在负债端，尤其是地方政府隐性负债方面，现在公布的是14.3万亿。隐性债务化解方面，其中6万亿是通过新增债务限额来置换隐性债务，计划在三年内完成。原有的限额内专项债也将用于置换隐性债务，每年安排8000亿，共计4万亿。通过10万亿逐年置换隐性债务，到2028年地方政府隐债转换成了法定显性债务，这意味着还掉了属于隐债部分的投融资平台的债务，包括到期和未到期的债券和贷款。还有2万亿原本纳入隐债的棚改债务，将按照合同执行，不再作为隐债处理，不需要地方政府用真金白银在2028年之前偿还。剩下的2.3万亿将由地方政府逐步消化。这就是12万亿的一揽子政策，它不是用国债置换地方政府债务，而是用地方专项债，地方政府债务存量规模不变。

这个政策的效果是，地方政府的流动性紧张得到了极大的缓解，原来需要用真金白银偿还的隐性债务，现在可以通过借新还旧的方式解决，即用法定的显性债务偿还隐性债务。这只是地方债务存量结构上的一个变化，不是用中央政府的债券置换地方债务。这个政策使得地方政府还债、支付利息的压力有所降低，债务成本也由此摊薄了。对于地方政府来说，这个政策至少减轻了眼前的负担，对于地方的"三保"（保工资、保运转、保基本民生）提供了有力的财力保障。从这个角度来看，通过12万亿（6+4+2）的政策，地方政府的财政压力得到了缓解，流动性风险也得到了抑制。

当然，任何政策都是阶段性的，面对未来新形势，宏观政策仍需进一步完善，如无息债的问题、地方利息支付压力过大问题亟待解决；解放思想，以创新思维拓展政策空间，如财政央行联手设立特殊目的载体（SPV）[7]，为央地资产债务结构优化和保障房供给提供新的政策工具。

注释：

【1】**平减指数**：GDP平减指数又称GDP缩减指数，是指未剔除价格变动的GDP与剔除价格变动的GDP之比，即现价GDP（或称为名义GDP）与不变价GDP（或称为实际GDP）之比，公式为：GDP缩减指数＝现价GDP÷不变价GDP×100。本质上是一种价格指数，能够全面反映一般物价水平走向，是对价格水平的宏观测度。

【2】**现价**：又称当时价格，也就是报告期当时的价格水平。

【3】**不变价**：指固定不变的价格，有时也叫固定基期价格，以反映不同年份之间实物量变化而采用的价格形势。一般来说，某价值量指标报告期与基期相比产生变化的原因有两个：价格变动引起的变化、实物量变动引起的变化。

【4】**微笑曲线（Smile Curve）**：是由宏碁集团创始人施振荣在1992年提出的概念，用于描述产业链中不同环节的附加值分布情况。

该曲线形似微笑，因此得名。微笑曲线揭示了产业链中附加值的不均衡分布，为企业和国家提供了优化产业结构的理论依据。

【5】针对资本市场的新型货币政策：2024 年 9 月 24 日，国务院新闻办举行发布会，介绍金融支持经济高质量发展有关情况。中国人民银行行长潘功胜宣布创设新的货币政策工具，支持股票市场稳定发展。第一项工具是证券、基金、保险公司互换便利。第二项工具是股票回购、增持再贷款。这是人民银行第一次创新结构性货币政策工具支持资本市场。

【6】2024 年 9 月以来的房地产政策：2024 年 9 月 26 日，中央政治局会议强调，要促进房地产市场止跌回稳，严控增量、优化存量、提高质量。要回应群众关切，抓紧完善土地、财税、金融等政策，推动构建房地产发展新模式。2024 年 9 月 29 日，国务院召开常务会议，研究部署具体落实工作。2024 年 10 月 17 日，在促进房地产市场平稳健康发展有关情况的新闻发布会上，住房和城乡建设部部长倪虹表示，住房城乡建设部会同多个部门，存量政策落实，抓增量政策出台，打出一套"组合拳"，推动市场止跌回稳。"组合拳"就是四个取消（取消限购、取消限售、取消限价、取消普通住宅和非普通住宅标准）、四个降低（降低住房公积金贷款利率、降低住房贷款的首付比例、降低存量贷款利率；降低"卖旧买新"换购住房的税费负担）、两个增加（一是通过货币化安置等方式，新增实施 100 万套城中村改造和危旧房改造。二是年底前，将"白名单"项目的信贷规模增加到 4 万亿。城市房地产融资协调机制要将所有房地产合格项目都争取纳入"白名单"，应进尽进、应贷尽贷，满足项目合理融资需求）。

【7】特殊目的载体（SPV）：SPV 为欧洲通常称呼用法，国内也可理解为特殊目的实体（SPE）。它是为了特殊目的而建立的法律实体，通常采用公司、信托或合伙形式，主要是隔离金融风险（通常是破产风

险，有时是具体的税收或管理风险），它在资产证券化中起到重要作用。可以将 SPV 理解为防火墙，防火墙的一边是高风险的项目，即便失败也不会连累母公司。如美联储向特殊目的实体提供信贷用来收购陷入破产危机的金融机构的部分资产，通过该工具为陷入破产危机的金融机构提供融资，避免破产冲击金融市场。美联储只是向 SPV 提供了信贷，由美国财政部真正出资。

中国经济如何"放得活"又"管得住"

刘元春

上海财经大学校长。中央马克思主义理论研究和建设工程首席专家，教育部"长江学者"特聘教授，国家"十四五""十五五"规划专家委员会委员，国务院特聘专家，国家"百千万人才工程"有突出贡献中青年专家，入选国家新世纪人才。曾获孙冶方经济学奖等 20 多个学术奖励。

党的二十届三中全会提出构建高水平社会主义市场经济体制的任务，强调"必须更好发挥市场机制作用，创造更加公平、更有活力的市场环境，实现资源配置效率最优化和效益最大化，既'放得活'又'管得住'，更好维护市场秩序、弥补市场失灵，畅通国民经济循环，激发全社会内生动力和创新活力"。

从建立到完善社会主义市场经济体制，再到构建高水平社会主义市场经济体制，如何把握政府与市场关系的定位、理清政府与市场的边界、推动政府与市场更好形成合力是我国市场经济体制改革过程中的永恒主题。

构建高水平社会主义市场经济体制，就是要科学把握社会主义市场经济规律，充分发挥市场在资源配置中的决定性作用，形成各种要素活力竞相迸发的良好局面，更好发挥政府在宏观顶层设计和整体资源配置中的作用，为增强全社会内生动力和创新活力创造条件，促进我国经济长期健康平稳运行。

一、新时代以来我国对政府与市场关系的新探索

党的十八大以来，中央立足我国经济社会发展实践，提出一系列新认识新思想，我国社会主义市场经济实现了从理论到实践的深刻变革。

（一）发挥好政府和市场"两只手"作用

党的十八大后，经过一年的探索，2013年召开的党的十八届三中全会旗帜鲜明地指出，"经济体制改革是全面深化改革的重点，核心问题是处理好政府和市场的关系，使市场在资源配置中起决定性作用和更好发挥政府作用"。这是我们党在创新政府与市场关系理论上的又一次重大推进。

2014年5月27日，习近平总书记在十八届中央政治局第十五次集体学习时强调："党的十八届三中全会将市场在资源配置中起基础性作用修改为起决定性作用，虽然只有两字之差，但对市场作用是一个全新的定位，'决定性作用'和'基础性作用'这两个定位是前后衔接、继承发展的。"

中央强调"看不见的手"[1]和"看得见的手"[2]都要用好，要求各级政府一定要严格依法行政，切实履行职责，该管的事一定要管好、管到位，该放的权一定要放足、放到位，坚决克服政府职能错位、越位、缺位现象。

怎样让市场在资源配置中发挥决定性作用？要坚持社会主义市场经济改革方向，从广度和深度上推进市场化改革，克服束缚市场主体活力、阻碍市场和价值规律充分发挥作用的弊端。

中央对我国市场经济体制存在的问题有着深刻认识，《关于〈中共中央关于全面深化改革若干重大问题的决定〉的说明》中指出："我国社会主义市场经济体制已经初步建立，但仍存在不少问题，主要是市场秩序不规范，以不正当手段谋取经济利益的现象广泛存在；生产要素市场发展滞后，要素闲置和大量有效需求得不到满足并存；市场规则不统一，部门保护主义和地方保护主义大量存在；市场竞争不充分，阻碍优胜劣汰和结构调整；

等等。"

（二）推动有效市场和有为政府更好结合

党的十九大报告进一步明确了政府和市场的作用，提出"必须坚持和完善我国社会主义基本经济制度和分配制度，毫不动摇巩固和发展公有制经济，毫不动摇鼓励、支持、引导非公有制经济发展，使市场在资源配置中起决定性作用，更好发挥政府作用"，这标志着我们党对社会主义建设规律的认识达到了新高度。

2020年，党的十九届五中全会审议通过的《中共中央关于制定国民经济和社会发展第十四个五年规划和二〇三五年远景目标的建议》提出："坚持和完善社会主义基本经济制度，充分发挥市场在资源配置中的决定性作用，更好发挥政府作用，推动有效市场和有为政府更好结合。"

"推动有效市场和有为政府更好结合"这一新论述的提出，将政府与市场关系的认识提升到一个新的高度，强调了推动政府与市场有机结合的新目标。

（三）聚焦高水平社会主义市场经济体制

党的二十届三中全会通过的《中共中央关于进一步全面深化改革、推进中国式现代化的决定》（以下简称《决定》）指出："聚焦构建高水平社会主义市场经济体制，充分发挥市场在资源配置中的决定性作用，更好发挥政府作用，坚持和完善社会主义基本经济制度，推进高水平科技自立自强，推进高水平对外开放，建成现代化经济体系，加快构建新发展格局，推动高质量发展。"

《关于〈中共中央关于进一步全面深化改革、推进中国式现代化的决定〉的说明》指出："决定稿围绕处理好政府和市场关系这个核心问题，把构建高水平社会主义市场经济体制摆在突出位置，对经济体制改革重点领域和关键环节作出部署。"

从党的十八大以来中央对政府与市场关系论述的变化可以看到，我国对于政府与市场关系的认识不断深入。从强调市场在资源配置中起决定性作用、更好发挥政府作用，到要求推动有效市场和有为政府更好结合，再到聚焦构建高水平社会主义市场经济体制发挥好政府和市场的作用，一系列重要论述为不同时期正确处理政府与市场关系提供了清晰的战略目标和实现路径。新征程上，进一步全面深化改革、推进中国式现代化要聚焦高水平社会主义市场经济体制，推动有效市场和有为政府更好结合。

这突破了西方将政府与市场二元对立的错误认知，成功破解了在发展市场经济过程中如何让市场"看不见的手"和政府"看得见的手"协同发力这道经济学的世界性难题，为新时代加快构建高水平社会主义市场经济体制指明了方向。

二、妥善发挥政府作用是关键

西方经济学由市场失灵引出政府与市场关系。亚当·斯密在《国富论》中提到政府的职能主要有三项：第一，保护社会，使其不受其他独立社会的侵犯。第二，尽可能保护社会上各个人，使其不受社会上任何其他人的侵害和压迫。第三，建设并维持某些公共事业及某些公共设施。

简言之，三项即维护国家安全、维护社会稳定和提供公共服务。随着经济大萧条的爆发和凯恩斯主义经济学的兴起，政府的经济职能变得重要起来，主要是通过财政政策和货币政策调节经济波动。

（一）更好地发挥政府作用

我国所要实现的政府与市场关系的有机统一超越了西方政府与市场关系的简单"二分法"，突破了以市场失灵为前提的政府"守夜人"角色定位。政府的作用不仅仅是克服市场经济弊端，更是要通过政府作用的发挥，充分提高市场经济的资源配置效率。中国的市场经济是在政府主导下逐步建立的，通过持续深化改革和开放来形成相对竞争的经营主体、市场制度以及市场体系。妥善发挥政府作用是处理好政府和市场关系的关键，要通过改革划清政府的职责边界。党的十八大以来，中央持续推动我国经济体制改革，调整优化政府与市场关系。

《关于〈中共中央关于全面深化改革若干重大问题的决定〉的说明》提出，"强调科学的宏观调控，有效的政府治理，是发挥社会主义市场经济体制优势的内在要求"。

在社会主义市场经济条件下，政府的职责和作用主要是保持宏观经济稳定，加强和优化公共服务，保障公平竞争，加强市场监管，维护市场秩序，推动可持续发展，促进共同富裕，弥补市场失灵。

更好发挥政府作用，就要切实转变政府职能，深化行政体制改革，创新行政管理方式，健全宏观调控体系，加强市场活动监管，加强和优化公共服务，促进社会公平正义和社会稳定，促进共同富裕。更好发挥政府作用有两方面的含义，一是转变政府职能，建设法治型政府和服务型政府，为使市场发挥在资源配置中的决定性作用服务；二是健全宏观调控体系，与市场形成良性互补，优化资源配置，包括引导市场进行资源合理配置，以及通过政府投资等活动直接配置资源。

（二）完善市场经济基础制度

完善市场经济基础制度是构建高水平社会主义市场经济体制的基本保障和内在要求。

党的十九大报告提出："经济体制改革必须以完善产权制度[3]和要素市场化配置为重点，实现产权有效激励、要素自由流动、价格反应灵活、竞争公平有序、企业优胜劣汰。"

党的二十大报告强调，"构建高水平社会主义市场经济体制""完善产权保护、市场准入、公平竞争、社会信用等市场经济基础制度"，对市场经济基础制度的主要内容进行了重要概括。

党的二十届三中全会《决定》提出"完善产权制度"和"完善市场准入制度"，包括"完善市场信息披露制度""完善惩罚性赔偿制度"以及"完善企业退出制度""健全社会信用体系和监管制度"等要求，进一步补充扩展了市场经济基础制度的内涵。

产权制度是市场经济基础制度的核心。市场交易就是产权的交换，如果产权界定模糊，会使交易根基不牢固；如果交易规则不明，会平添更多的交易费用，阻碍经济循环。对于一些创新型产业或战略性产业来说，没有良好的知识产权保护，则创新产业的专利成果、发明成果、新模式、新技术随时可能会被剽窃，企业将很难盈利。《2023年中国专利调查报告》显示，我国专利权人中遭遇过专利侵权的比例为6.7%，表明我国还需要进一步加强和完善知识产权保护。

公平竞争是市场经济的必然要求。一是要打破地方保护和行政分割，而后者很大程度上是由前者导致的，因此必须破除某些由于地方政府为自身利益最大化所设计的、只适应本区域的规章制度。

二是要规范市场监管，对于各个部门的某些监管举措、行业规则要进行规制和统一，不能妨碍产品要素自由流动、自由进出。

三是要健全社会信用体系，完善市场信息披露制度，推动企业依法诚信经营，保护合作者、投资者、消费者权益。

四是完善市场准入和退出机制。开放的准入制度和完备的退出制度是实现市场经济优胜劣汰、增强市场活力的重要保障。要进一步完善市场准入负面清单制度，完善并购重组、破产法律制度，有效降低经营主体进入和退出成本。

（三）优化营商环境

营商环境是经济发展的重要制度基础，当前我国正处在转变发展方式、优化经济结构、转换增长动力的关键时期，营商环境的优化成为推动经济转型升级的重要力量。

营商环境越好意味着企业扎根经营成本越低。与营商环境相关的注册物权、跨国贸易、合同执行、融资便利、税制体系、企业开办和申请营业执照的成本等要素，可以被概括为"软环境"。这个"软环境"决定了整个市场的运行成本，决定了政府这只"看得见的手"是否会在企业经营过程中产生大量的"寻租"活动，从而影响企业的经营成本。

　　优化营商环境，需要构建"亲"和"清"的政企关系。政企关系"亲"意味着政府积极向服务型政府转变，政企关系"清"则意味着对政府权力的约束，减少企业寻租行为。优化营商环境，有利于推动科技创新和产业升级。从世界银行历年发布的竞争力报告中不难看出，全球核心产业、核心技术产业链主要分布在营商环境较好的发达经济体和高速度增长经济体。要在政府改革上做足文章，使各地方从传统的招商引资竞争过渡到营商环境竞争的新阶段，这对于产业链的重新布局和国内产业链安全性建设、产业链的高端化、现代化是一个至关重要的命题。

　　优化营商环境，要积极推动市场化、法治化、国际化的营商环境建设。要稳步推进市场化改革，打通影响市场机制正常运行的堵点和卡点。保证各种所有制经济依法平等使用生产要素、公平参与市场竞争、同等受到法律保护。市场经济本质是法治经济，要持续完善市场监管，进一步规范行政执法行为，法无授权不可为，要进行清单管理。要加快与国际规则对接，稳步扩大制度型开放，吸收国际上成熟的市场经济制度经验。

　　党的十八大以来，我国稳步推进高标准市场体系建设，深化要素市场化改革，高效规范、公平竞争、充分开放的全国统一大市场加快形成，市场准入负面清单制度、公平竞争审查制度深入实施，营商环境市场化法治化国际化水平显著提升。

　　国家市场监督管理总局发布的数据显示，截至 2023 年年底，我国登记在册经营主体达 1.84 亿户，同比增长 8.9%，其中，企业 5826.8 万户，民营企业超过 5300 万户，占企业总量的 92% 以上。

　　2024 年 9 月 26 日，二十届中央政治局召开会议分析研究当前经济形势和经济工作提出,"进一步优化市场化、法治化、国际化一流营商环境"。我国营商环境总体上不断优化,但仍存在一些问题和挑战,包括行政效率有待提高、公平竞争环境需进一步优化、中小企业融资难融资贵等问题。在当前我国地方政府债务压力大、财力紧张的背景下,一些地方政府的不当收费和罚款给营商环境造成的破坏尤其值得重视。

财政部公布的数据显示,2024 年上半年全国非税收入同比增长 11.7%,达到 2.18 万亿元,其中一部分是罚款收入。这其中固然有严格执法的原因,但从社会反响来看,一些地方政府滥用罚款方式的问题也不容忽视。这种行为会损害政府的公信力和形象,导致企业和投资者对地方政府失去信心,影响政府与市场的良性互动。所以,优化营商环境并不仅仅是一个完善市场经济体制、转变政府职能的问题,也需要财税体制方面的改革,降低地方政府乱收费、罚款的动机。

(四)健全宏观经济治理体系

党的二十届三中全会《决定》对健全宏观经济治理体系作出部署,明确"科学的宏观调控、有效的政府治理是发挥社会主义市场经济体制优势的内在要求",提出"必须完善宏观调控制度体系,统筹推进财税、金融等重点领域改革,增强宏观政策取向一致性"。这充分体现了党中央加强和改进宏观经济治理的决心和信心。

科学编制并有效实施国家发展规划。这有利于保持国家战略的连续性、稳定性,集中力量办大事,确保一张蓝图绘到底。用中长期规划特别是五年规划(计划)指导经济社会发展,是我们党治国理政的重要方式。从"十三五"到"十四五"，尽管我国发展面临的国内外形势更加错综复杂，但我国战略意图始终清晰明确，政府工作重点鲜明有序，对经营主体行为有着透明的规范引导，对未来一段时期内的发展目标有着坚定的实施方略。

进一步完善国家宏观调控。解决新征程上面临的经济发展难题，在实践操作中不能仅强调供给端或需求端，而是在政策举措上必须超越传统的需求管理或供给调整，需要供给端和需求端、政策端与制度端同步发力。宏观调控不仅要在策略上加大逆周期跨周期调节的力度，增强宏观政策取向一致性，保持宏观经济的稳定，更需要在统筹推进财税、金融等重点领域改革的基础上完善宏观经济治理体系，改善微观主体激励机制。

加强高水平基础设施建设。营造良好的营商环境能够为市场配置资源提供"软支持"，加强基础设施建设则能够为市场配置资源提供"硬支撑"。一方面，要提升传统基础设施水平；另一方面，要加快新型基础设施建设。同时，注重统筹城乡和区域基础设施建设，例如，农村和边远地区的物流设施建设使得农村电商等新的经济业态得以形成，这有效拓展了市场的边界。此外，还要注意基础设施的联通问题，要积极推动市场设施高标准联通，为各种要素自由流通建设硬件基础设施，推动构建全国统一大市场。

三、科技创新需要政府和市场"两只手"协调

面对纷繁复杂的国际国内形势，面对新一轮科技革命和产业变革，如何充分抓住科技发展的重大机遇，培育发展新质生产力，是摆在我国面前的重要现实问题。

（一）健全新型举国体制[4]

党的二十届三中全会《决定》提出，"健全因地制宜发展新质生产力体制机制"，并强调要"健全相关规则和政策，加快形成同新质生产力更相适应的生产关系，促进各类先进生产要素向发展新质生产力集聚，大幅提升全要素生产率。鼓励和规范发展天使投资、风险投资、私募股权投资，更好发挥政府投资基金[5]作用，发展耐心资本"。

培育发展新质生产力，首先要健全新型举国体制。科技自立自强的国家战略科技体系以新型举国体制为核心，在科技创新举国体制中，要更好推动政府与市场之间的有机结合。政府的角色在很大程度上决定了创新生态体系的构建以及生态体系在不同发展阶段的特点，因此，在复杂的动态交互过程中，如何处理政府与市场之间的关系是重中之重，最高级的形态是政府在其中全面发挥"润物细无声"的作用。一是强化顶层设计，构建核心资源，加强基础研发；二是加强政、产、学、研等多方主体之间的协调；三是壮大耐心资本，为科技创新提供金融支持。

政府与市场之间的合力能够真正形成一种新的激励体系来解放生产力和发展生产力，这在新时代突出表现在基础研发、产业升级和科创金融三个方面，这三方面可以看作是相较于传统的投资、消费、出口"三驾马车"之外推动经济高质量发展的"新三驾马车"。

中国通过新型举国体制来构建创新联合体，国家全面推进科技的基础研发与创新，真正放手使国有企业成为合格的经营主体，参与大量竞争和创新，促使地方政府在创新创业方面形成竞争，为企业创新提供融资支持，促进各类所有制企业在创新大潮中踊跃向前，使得我国创新驱动发展取得显著成效，新质生产力已经在实践中形成并展现出对高质量发展的强劲推动力、支撑力。这种多层配合，形成合力的动态配置资源方式，体现了社会主义的制度性优势，是西方难以简单复制的。

经过"十二五""十三五""十四五"的布局，在新型举国体制和产业政策的推动下，我国在战略性新兴产业，一系列新技术上的创新，已经达到了一个新的高度。特别是围绕新能源、储能技术、新能源汽车等领域所形成的弯道超车效应，已经开始引领整个世界的潮流。近年来，我国"新三样"（锂电池、光伏和新能源汽车）出口异军突起，这一成功充分验证了"科创+产业升级"作为未来经济新增长的核心驱动力以及产业新支柱体系的重要性。

（二）强化企业科技创新主体地位

党的十八大以来，党中央、国务院多次强调要强化企业科技创新主体地位。欧盟委员会发布的《2023年欧盟产业研发投入记分牌》数据显示，在全球前2500家研发公司中，中国有679家企业进入榜单，成为全球第二大研发国家。目前，我国有科技型中小企业50万家，高新技术企业超46万家，创新型中小企业21.5万家，科技创新水平得到全面提升。顺应当前技术迭代更快、颠覆性创新更多、跨领域融合更深等时代新特点，要有针对性地加大政策支持，激励企业进行大规模的研发和创新活动，充分发挥科技领军企业龙头作用，鼓励中小企业和民营企业科技创新，有力有效支持发展瞪羚企业、独角兽企业。

此外，还要积极加强以企业为主导的产学研深度融合。企业是市场的主体，对于市场需求、产业发展方向和技术攻关方向都有着最深刻的了解，以企业为主导推动产学研深度融合，能够保证科技创新以需求为导向，提高科技成果产业化水平。要积极构建以企业为主导的创新联合体，形成产学研一体化的长效机制。

要发挥企业出题者作用，推进重点项目协同和研发活动一体化，加快构建龙头企业牵头、高校院所支撑、各创新主体相互协同的创新联合体，发展高效强大的共性技术供给体系，提高科技成果转移转化成效。

从 2023 年 6 月国务院国有资产监督管理委员会发起中央企业创新联合体建设，至 2024 年 6 月，一年时间里启动了 3 批中央企业创新联合体，共 21 家中央企业牵头建设了 24 个创新联合体，全面带动高校院所、地方国企、民营企业等产学研用各类创新主体，促进了产业创新组织机制加快完善。

（三）构建同科技创新相适应的科技金融体制

科技创新必须有创新型的融资体系与其相匹配，这样才能得到长期耐心资本的支持，有效分散创新风险。

党的二十届三中全会《决定》提出，"构建同科技创新相适应的科技金融体制"。当前我国各地方政府都在积极探索运行政府投资基金，并且撬动更多社会资本参与进来，为科创企业提供融资支持。政府投资基金采用市场化的方式运作，以提高运营水平与专业能力，突破了传统政府科层体系的软约束。从过去依靠政府补贴的"粗放型"产业支持模式到现在通过政府引导基金的"精细化"支持模式，地方政府借用市场力量，使产业引导更为专业化，也撬动了更多社会资本，使得投资效率更高、覆盖面更广。

当前，培育和发展新质生产力需要提升政府与市场"两只手"的协调性，推动科技和金融更好融合，构建创新生态。我国科技创新和科技金融已经走出一条中国特色的新路，政府主导型科技金融与市场型科技金融已经寻找到相互配合、相互赋能的结合点，形成了金融赋能科技的合力。因此，当下的重点应放在如何提升当前科技创新体系内政府与市场"两只手"的协调配合，以及如何探索出二者深度融合的有效途径。党的二十届三中全会对此进行了明确布局，要求大力引导各类市场基金投早、投小、投长期、投硬科技，更好发挥政府基金的作用。

为此，应通过以政府为主导的科创金融模式，有力支持科创企业进行创新，促进政府与市场有机融合，形成合力。对国有资本中的创投基金，设置更具科创投资属性、更符合市场规则的考核和激励制度，以更加开放的姿态与国内外优质的市场化基金合作，形成政府与市场的第一个合力；通过政府投资基金撬动更多社会资本参与投资科创企业，促进金融和科创更紧密融合，推动更多科创企业成长壮大，形成政府与市场的第二个合力；各地都在积极探索创新政府投资基金模式，促进了政府与投资基金之间的合作以及市场化基金之间的合作，形成政府与市场的第三个合力。这种多层嵌套的合作模式，为市场在资源配置中起决定性作用提供了强大支持。

注释：

【1】"看不见的手"：是经济学中的一个经典概念，由 18 世纪苏格兰经济学家亚当·斯密（Adam Smith）在其著作《国富论》（*The*

Wealth of Nations）中提出。它描述了市场经济中个体在追求自身利益的同时，无形中促进了社会整体利益的现象。这一概念强调了市场机制在资源配置中的自发性和高效性。

【2】"看得见的手"：是与"看不见的手"相对的概念，由美国经济学家阿尔弗雷德·钱德勒（Alfred D. Chandler Jr.）在其著作《看得见的手：美国企业的管理革命》中提出。它指的是企业内部的计划、管理和协调机制，通过组织和管理活动来替代市场机制，实现资源的有效配置。这一概念强调了现代企业中管理层的决策和组织能力在经济活动中的重要作用。

【3】产权制度：产权制度是指一个国家或社会对财产权利的界定、分配、保护和行使的法律、法规和制度安排的总和。它明确了财产的所有权、使用权、收益权和处置权等权利归属，是市场经济运行的基础性制度之一。产权制度的核心在于通过法律和制度保障财产权利的清晰界定和有效保护，从而激励经济主体的积极性，促进资源的有效配置和经济效率的提升。

【4】新型举国体制：新型举国体制是中国在新时代背景下提出的一种国家治理模式，旨在集中力量办大事，通过国家主导、市场参与、社会协同的方式，高效整合资源，解决重大科技、经济和社会问题。它是传统"举国体制"的升级版，既保留了集中力量办大事的优势，又融入了市场化、法治化、国际化的现代治理理念。

【5】政府投资基金：是指由政府出资设立，以市场化方式运作，用于支持特定领域或产业发展的资金池。其目的是通过财政资金的杠杆效应，引导社会资本投向重点领域，促进经济结构调整、产业升级和科技创新。政府投资基金通常采用股权投资、债权投资、风险投资等方式运作，具有政策性、引导性和市场化的特点。

在新的一年为"十五五"规划谋篇布局

董煜

　　毕业于北京大学，清华大学中国发展规划研究院常务副院长。曾在国家发展改革委、中央财经委员会办公室工作，曾任中财办副局长，主要从事宏观政策、发展战略与规划等领域研究，长期参与国家五年规划编制和宏观经济治理工作。

"十五五"规划 (2026—2030 年) 是我国迈向 2035 年基本实现社会主义现代化目标的关键五年规划[1]。

一方面，2024 年中国国内生产总值 (GDP) 站上 130 万亿元人民币的新台阶，2025 年是"十四五"规划收官之年，同时也是"十五五"规划的谋划之年；另一方面，全球经济格局正在经历深刻变革，数字化浪潮汹涌澎湃。外部环境变化带来的不利影响加深，新旧动能转换的压力持续，中国经济大船更需顶风破浪前行。

一、为新一年高质量发展谋篇布局

2 月 5 日，是春节后的首个工作日，多省份都召开了 2025 年"新春第一会"。很多省份明确提出要做好"十四五"规划收官和"十五五"规划编制工作，为什么各省都把"五年规划"放在如此重要的地位？

五年规划 (计划) 非中国首创，也非中国独有。苏联是世界上最早制定和实施五年计划的国家，印度、法国、韩国、日本等国家都在发展规划上进行过探索与实践。

新中国成立以来，除了 1950—1952 年的国民经济恢复期、1963—1965 年的国民经济调整期，我国共编制实施了 14 个五年规划（计划）。这 14 个五年规划（计划），展示了新中国 70 多年发展道路上的一幅幅重要成就，尤其是中长期发展的一些重大的任务、重大的工程，都是通过五年规划（计划）的方式去把控执行。

中国经济之所以能够保持持续稳定的增长，一个重要的秘诀在于中央层面向来都不是只考虑短期的经济增长，而是将中长期规划与短期发展紧密结合，致力于推动高质量发展。要保持清晰的思路，既要把短期的问题解决好，又要在这个过程中谋划中长期的发展。为此，我国将一系列中长期的解决方案纳入五年规划（计划）当中，通过五年规划（计划）制定关键的政策、实施重大重要的工程，从而确保国家经济持续稳步前进。可以说，五年规划（计划）和体制改革之间的深度互动，是中国发展奇迹的"源头活水"。

对于中长期的发展，2025 年是一个关键时间节点。

2025 年是"十五五"规划编制年，既要实现"十四五"规划的收官，也要谋划好下一个五年的发展。在各个领域研究"十五五"规划的过程中，会推出一批重大工程、重大项目、重大政策、重大改革等，这些都是经济工作的"加法"，会为未来几年的发展提供很强的确定性。对市场而言，跟踪"十五五"规划，就是与国家发展同步同频，就容易找到新一轮的发展机遇。因此，2025 年是政策层的"规划年"，同样也可以成为各个机构、各家企业的"规划年"。

从各省份 2025 年政府工作报告可以看出，许多地方都综合考虑国内外形势和各方面因素，兼顾需要和可能，提出了全年发展主要预期目标，其中包括比较积极的 GDP 增长目标，以及一系列工程项目等，这些都是为了努力完成全年经济社会发展目标任务和"十四五"规划目标任务，目的是实实在在推动高质量发展、不断改善经济运行的基本面。

在具体实施过程中，我们需要认识到，推动高质量发展不是不要速度，而是要推动质的有效提升和量的合理增长。实现GDP增长5%左右的预期目标，要考虑促进就业增收、防范化解风险等需要，并与"十四五"规划和基本实现现代化的目标相衔接，也要考虑经济增长潜力和支撑条件。目前一揽子增量政策兼顾当前和长远，加大推进力度，将确保到2025年年底"十四五"规划102项重大工程建设取得预期成效。只有从战略高度和全局层面完整准确理解，抓住重点、主动作为，才能进一步提高政策措施的针对性、有效性，才能推动政策聚焦发力、工作加倍努力、各方面齐心协力。

二、扩大国内需求为何是"全方位"

中央经济工作会议[2]提出，大力提振消费、提高投资效益，全方位扩大国内需求。

消费是拉动经济增长的"主引擎"。2025年春节假日的消费火热程度超出预期，把回家拜年的传统习俗与出行消费趋势结合在了一起，证明中国老百姓是有意愿消费的，而国家也能够提供各种消费场景的支持。

假日消费的火热背后是人们对美好生活的憧憬，也隐藏着巨大的消费潜力。不过，后疫情时代激发这一潜力的过程却并不是一帆风顺的。2024年年底的中央经济工作会议指出，进一步推动经济回升向好需要克服一些困难和挑战，主要是有效需求不足、部分行业产能过剩、社会预期偏弱、风险隐患仍然较多，国内大循环存在堵点，外部环境的复杂性、严峻性、不确定性上升。这就需要通过好的投资不断去引领和创造新的消费热点，与此同时，通过消费的带动作用，也给投资指明方向，使得投资朝着更有回报的方向发展。通过不断找到消费和投资之间的结合点，促进这两项工作之间的循环，整体带动内需提升到新的水平。

2024年年底的中央经济工作会议对当前经济形势作出判断，部署了2025年经济工作的九项重点任务，既系统全面，又重点突出，为做好2025年经济工作制定了任务书、明确了着力点。包括大力提振消费、提高投资效益，全方位扩大国内需求；以科技创新引领新质生产力发展，建设现代化产业体系；发挥经济体制改革牵引作用，推动标志性改革举措落地见效；扩大高水平对外开放，稳外贸、稳外资；有效防范化解重点领域风险，牢牢守住不发生系统性风险底线；统筹推进新型城镇化和乡村全面振兴，促进城乡融合发展；加大区域战略实施力度，增强区域发展活力；协同推进降碳减污扩绿增长，加紧经济社会发展全面绿色转型；加大保障和改善民生力度，增强人民群众获得感、幸福感、安全感。

首先，会议将"大力提振消费、提高投资效益，全方位扩大国内需求"作为首要重点任务，扩大内需的重要性进一步凸显。会议判断当前外部环境变化带来的不利影响加深，我国经济运行仍面临不少困难和挑战时，摆在第一位的就是"国内需求不足"。把提振消费、扩大内需放在重点任务的第一条，也体现了我们做好经济工作中鲜明的问题导向。

其次，明确提出发挥经济体制改革牵引作用。党的二十届三中全会对构建高水平社会主义市场经济体制等重大改革举措作出系统部署。中央经济工作会议落实党的二十届三中全会精神，突出强调发挥经济体制改革牵引作用，提出一系列改革举措，包括出台民营经济促进法、制定全国统一大市场建设指引、促进平台经济健康发展、统筹推进财税体制改革、深化资本市场投融资综合改革等。

再次，有一些新表述值得关注。比如在第七条重点任务"加大区域战略实施力度，增强区域发展活力"中，"发挥区域协调发展战略、区域重大战略、主体功能区战略的叠加效应"表述就值得关注。从宏观层面看，需要进一步优化人口和生产力布局；从中观层面看，有条件的中心城市和城市群要增强集聚能力和辐射带动作用，培育一些新的经济增长极；从微观层面看，区域治理将更加精细化，会更加强调按照主体功能谋划发展。

具体到政策端，2024年的消费品以旧换新政策，已经对扩大消费起到了非常重要的拉动作用，2025年还要进一步加力扩围。加力就是可能要扩大相关的补贴力度，扩围就是要扩大补贴的范围和品种。这对于有消费需求的千家万户来说，都是非常实质性的政策。

此外，中央经济工作会议提出的"创新多元化消费场景"值得关注。

"多元化"既包括不同领域，如会议强调的首发经济、冰雪经济、银发经济，是新的消费增长点所在；也包括不同对象人群，重点是推动中低收入群体增收减负，努力为工薪阶层创造消费场景，也要为其他各类收入群体提供多层级的消费场景。

中国式现代化，民生为大。守住兜牢民生底线，需要把促消费和惠民生结合起来。会议提出，推动中低收入群体增收减负，提升消费能力、意愿和层级；适当提高退休人员基本养老金，提高城乡居民基础养老金，提高城乡居民医保财政补助标准；落实好产业、就业等帮扶政策，确保不发生规模性返贫致贫，保障困难群众基本生活。这样的政策既能够得到老百姓的呼应和拥护，也能够增强经济循环内生动力，更好推动高质量发展。

最后，会议强调要"提高投资效益"。2025年将更大力度支持"两重"项目，适度增加中央预算内投资，以政府投资有效带动社会投资，及早谋划"十五五"重大项目，大力实施城市更新，实施降低全社会物流成本专项行动。中央经济工作会议部署中低收入群体增收减负，在提升消费能力、意愿和层级的同时，也部署了"适度增加中央预算内投资""加强财政与金融的配合，以政府投资有效带动社会投资"等措施，表明了在提振消费的同时，也要更加重视投资拉动内需的关键作用。2025年在多个领域是有较大投资需求的，关键是要在提升投资效益上下工夫。要积极落实投融资新机制，给民间资本提供更多投资机会，鼓励民间资本更多参与国家重大项目建设。

三、以科技创新跳出"内卷式"竞争

新质生产力催生发展新动能，如何以科技创新引领新质生产力发展？

"以科技创新引领新质生产力发展，建设现代化产业体系"

是 2025 年经济工作的重点任务之一。新旧动能转换是经济发展中必然面临的问题，因地制宜发展新质生产力，才能推动新旧发展动能平稳接续转换，为高质量发展提供源源不断的动力支撑。

新质生产力主要由技术革命性突破催生而成，这要求加强科技创新，特别是原创性、颠覆性科技创新。目前，各地都在加强基础研究和攻克关键核心技术、超前布局重大科技项目、开展新技术新产品新场景大规模应用示范行动等方面作出部署，这意味着相关具体举措会相继落地。

从发展新质生产力的整体布局看，要绘制好产业图谱，有针对性加强对短板弱项的支持引导。从传统产业、新兴产业、未来产业来看，战略性新兴产业可以形成梯队式发展格局，并将之作为中国制造核心竞争力的重要基础；未来产业应进一步梳理技术和产业发展路线，部分产业在"十五五"末要形成一定规模，并培育出一批新的独角兽企业和瞪羚企业；传统产业改造升级重点可突出示范引领，形成若干可推广的改造升级范式。

中央经济工作会议提出"综合整治'内卷式'竞争"，是有明确指向性的。对于地方政府来说，要更好贯彻中央关于建设全国统一大市场的部署，在产业布局上减少重复建设，在招商引资上避免不合理的竞争。对于企业来说，要注重维护好产业生态，让供应链上更多企业齐头并进、发展共赢。

2 月 17 日，习近平总书记出席民营企业座谈会并发表重要讲话。会后，各地积极行动，加力支持民营企业发展，在不少地方"一把手"的调研座谈中，民营企业家都坐上了"C 位"。

把民营企业、民营企业家请进会场，给予他们高规格的待遇，表明了从中央到地方对民营经济的支持氛围正在更好地形成。民营企业和民营企业家从来都是自己人，在"十五五"规划中也一定能找到更多的成长机会。

目前，各地改革重点之一就是加快建设全国统一大市场，打通制约发展的堵点卡点。市场意味着需求，超大规模市场有丰富的应用场景，会产生很多新的需求，一旦新的供给能与新的需求相匹配，就能使从创新到产业的收益快速放大。把这个优势发挥好了，能使创新成果更快得到利用，加快新兴产业和未来产业的成长步伐。因此，在新质生产力发展壮大过程中，要高度重视我国14亿多人口的超大规模市场的牵引作用。

建设统一大市场，最重要的是四个制度，产权保护、市场准入、公平竞争、社会信用。产权保护，能够保护科技发明人对成果的所有权或长期使用权，促进更多的原创性成果涌现；市场准入，能够打破各种门槛，使各种所有制企业都能进入重大创新活动中；公平竞争，意味着对各类企业一视同仁，以发展水平的高低论英雄；社会信用，则要求把信用放到更加重要的位置，守信激励，失信惩戒，创造企业成长的健康环境。这四个制度也同时是市场经济的基础制度，是决定新型生产关系的重要基础。

需要注意的是，统一大市场既有立的一面，也有破的一面。要更好发挥14亿多人口大市场的协同效应，就要打破各种有形无形的壁垒，特别是各种地方保护主义和不正当竞争，让企业在不同地方都能受到同等待遇，获得同样的市场机会。同时，通过进一步健全统一的市场监管规则，会进一步规范执法行为，减少自由裁量权，减少各种束缚新质生产力发展壮大的"小绳子"。科技初创型企业创业维艰，要让中小微企业在每一次执法中感受到公平公正,在温暖中成长。

建设全国统一大市场,就是为新质生产力的成长培育健康肥沃的土壤,促进新质生产力的发展壮大。

四、DeepSeek 让世界重新认识"中国力量"

2025 年蛇年春节,全世界感受到中国经济的"暖流"。

春节消费市场再创新高,电影《哪吒 2》刷新中国票房纪录,DeepSeek 横空出世,这些事件,不仅仅让全世界看到中国国内经济态势发展良好,也让全世界看到了中国科技创新的力量。目前,各省份都把"科技创新"当作 2025 年发展的关键词之一。

春节期间,DeepSeek 在全球范围内不断掀起关注热潮,占领各国头条新闻。惊喜、兴奋、激动之余,DeepSeek 戳中大众的究竟是什么?

DeepSeek 已经成为 AI 发展史上的现象级产品。与其他国家的大模型不一样,对于中国许多处于成长期的小微企业和个人来说,DeepSeek 通过降低人工智能的门槛,让他们看到人工智能究竟可以产出什么,为他们提供了一个能够实现梦想的工具。与此同时,DeepSeek 的影响力对全球科技来说也具有非常重要的意义。它为全球的创业者、为全球的投资者同样提供了实现梦想的机会,因为它是一个开源的工具,更重要的是它展现了中国方案的开放性。对我们中国人来说,这无疑是一件值得自豪的事情。这种"开源"的思路,今天在人工智能领域结出硕果,今后也可以在其他领域复制推广,让各方看到中国的科技创新能为全球提供更多具有引领意义的公共产品。

很多外国媒体惊异于 DeepSeek 完全是由中国本土团队研发。同时，春晚上杭州宇树科技机器人扭秧歌、转手绢，惊艳舞台，也让外界对于中国科技创新刮目相看。这一系列成就引发了外界对"中国式逆袭"的广泛讨论与思考。

所有的偶然背后都是必然。

此前，一些境外社交平台用户涌入小红书，民间开启"对账单"模式，外界对中国的认识不断刷新。现在大家都在热议，以 DeepSeek 为代表的"杭州六小龙"科技企业涌现，其实是我们国家多年以来持之以恒投入科技创新，培养科技人才的必然结果，也是坚持长期主义、紧跟时代脉搏的必然结果。

面对外部环境不确定性的挑战，中国产业结构的调整和新旧动能转换会更依赖硬核科技创新，需要更多人不计回报地探索未至之境。近年来，随着人工智能的发展，科技已成为主导未来的革命性力量。中国科技行业的年轻工作者们正不断涌现，以 DeepSeek 为代表的优秀企业，将成为全球科技发展的"中国力量"。我们也希望这样的创新成果在今年、在未来还会不断涌现出来，能够给中国和世界带来更多的惊喜。

目前，游戏科学、深度求索、宇树科技、云深处科技、强脑科技和群核科技等科技新锐频频刷屏，"杭州六小龙"声名鹊起。很多省份也在打造营商环境，期待有更多的独角兽公司涌现。

在 2025 年地方两会上，许多省份政府工作报告关键词之一就是"环境"。很多省份都把打造"良好营商环境"写进地方的政府工作报告中。卷别的也许不合适，但"卷环境"一定不是坏事，这会全面提升各地区的行政效率，为未来的创新提供更加丰沃的土壤。

具体到杭州的经验和做法，并不在于产业谋划做了多少，而是政府在营造促进创新和产业发展的环境方面，起到了很好的示范引领作用。当前，新一轮创新创业热情正在人工智能、生物科技、商业航天、文化创意等前沿领域奔涌释放。站在如今的新起点上，我们不妨重新认识"中国创业者"和他们正在塑造的未来中国。

政府部门在政策上要给予一种宽松的环境。比如说，对于人工智能等新技术在传统产业中的应用，要予以鼓励和支持，机制要设计好，既要确保新技术的顺利引入，也要有相应的退出机制。通过政策支持、资源整合和创新服务，形成许许多多的地方政府躬身入局与创业者相向发力的局势。

目前，这种创新创业的浪潮已经涌现，我们一定要珍惜这种氛围，一定要以鼓励为主，看到好的样板就要去把它"抬"起来，让各方面能够看到示范效应，我也期待今年有更多的"杭州式故事"出现。

注释：

【1】五年规划（The Five-Year Plan，原称五年计划）：全称为中华人民共和国国民经济和社会发展五年规划纲要，是中国国民经济计划的重要部分，属长期计划。主要是对国家重大建设项目、生产力分布和国民经济重要比例关系等作出规划，为国民经济发展远景规定目标和方向。

中国从 1953 年开始制定第一个"五年计划"。从"十一五"起，"五年计划"改为"五年规划"。（除 1949 年 10 月到 1952 年年底为中国国民经济恢复时期和 1963 年至 1965 年为国民经济调整时期外）。回顾五年计划 / 规划的历史，不仅能描绘新中国成立以来经济发展的大体脉络，也能从中探索中国经济发展的规律，通过对比与检视过去，可以从历史的发展中获得宝贵的经验，从而指导未来的经济发展。

【2】中央经济工作会议：中共中央、国务院召开的规格最高的年度经济会议。自 1994 年以来每年举行一次，一般在每年 11 月到 12 月在北京举行。

中央经济工作会议是判断当下经济形势和定调第二年宏观经济政策最权威的风向标。通过中央经济工作会议总结一年来的成绩和经验，部署安排来年的相关工作，已经成为党治国理政的重要制度安排。

2024 年 12 月 11 日至 12 日，2024 年中央经济工作会议在北京举行。

加大公共投资是破解需求
不足的关键

张 斌

中国社会科学院世界经济与政治研究所研究员，副所长，第十四届全国政协委员。主要研究领域是中国经济结构转型，中国和全球宏观经济，人民币汇率和货币政策等问题。曾获得国务院特殊津贴，入选国家"百千万人才工程"。

扩大内需是当前中国宏观经济管理中最突出的任务。对此，一种流行的看法是，我国的需求结构中，居民消费需求的占比较低，投资需求的占比较高，因此扩大内需的重点是扩大家庭消费需求。

扩大居民消费在总需求中的占比有利于优化我国的资源配置格局，是一项非常重要的中长期目标。不过，通过较大力度的改革举措提高居民的可支配收入水平和消费水平需要久久为功，短期内主要寄希望于通过扩大居民消费走出当前的需求不足局面可能难以实现。

因此，扩大公共投资在短期内依然是不可或缺的发挥引领作用的手段，也是短期内提高居民收入和消费水平见效最快的手段。

其实，中国在服务于民生的公共投资领域还有非常广阔的空间。而且，在当前需求不足的环境下，政府举债增加公共投资不会影响政府债务的可持续性。

一、扩大需求不能把宝都押在消费上面

扩大需求不能把宝都押在消费上面，原因有三个。

一是支持家庭消费扩张的政策应该是中长期的政策和制度

安排，不是周期性的政策。持续地扩大家庭消费需要两方面支持，一方面是提高劳动者收入、优化收入分配和提高社会福利保障水平；另一方面是提高住房、教育、医疗等方面的可得性和性价比，特别是要支持外出打工群体在工作城市安家的相关配套和服务。

这些政策和制度安排应该是长期的、稳定的，不应该是周期性的。举例来说，中央和地方财政增加对低收入群体的社会福利保障支出，如果今年要增加2万亿，那么明年、后年也至少应该保持这个增幅，不宜根据经济周期变化做调整。与此相对比，支持投资的政策，无论是政府支持的公共投资或者是对私人部门投资的政策支持都可以是暂时性的、周期性的，可以根据需要随时调整。

二是消费难以在短期内大幅提高。政府和相关机构需要为朝着扩大消费的方向努力，做出更多改革，但这需要一个摸索的过程，难以一蹴而就。

经验上来看，消费与投资相比是慢变量，短期内变化幅度较小。近年来需求不足的突出表现是房地产和政府主导的投资下降、企业盈利下降和信贷下降这些快变量之间的负向螺旋循环，带动着总支出、总收入、信贷之间的负向螺旋循环。这个过程中，居民消费和劳动者收入这些慢变量被动地跟着一起下降。如果投资和信贷没有显著变化，很难凭借提高劳动者收入和消费在短期内扭转负向螺旋循环局面。如果投资和信贷在短期内显著大幅提升，消费和劳动者收入也会随之显著提升。

实践当中，我们也缺少短期内大幅提升消费的政策经验。过去几年，我国采取了以旧换新[1]、发放消费券、提升消费场景等众多手段提升消费，这些手段在消费领域发挥了一定作用，但是对总体消费的增长贡献有限。从目前国内情况来看，短期内走出需求不足局面，大概需要额外 4—5 万亿元的总支出增加。

如果 4—5 万亿元主要来自居民消费，则要求居民消费在目前水平上额外增长 10% 以上，这种增幅历史上没有出现过，短期内如何实现没有经验。如果 4—5 万亿元主要来自公共投资，由此带来的投资增速上升历史上有过多次，政府和相关机构也有较为充分的经验积累。

三是中央政府发钱扩大消费的乘数效应 [2] 与中央政府投资的乘数效应难辨高低。在给定的公共财力资源下，以短期内走出需求不足为目标，需要支持消费还是投资的取舍关键在于乘数效应大小。假定边际消费倾向 [3] 为 a，通过扩大 1 单位中央政府投资带来的支出乘数效应是 $1/(1-a)$。如果中央政府投资同时有地方政府配套支出增加 p 单位，则乘数效应是 $(1+p)/(1-a)$。如果将 1 单位财政给居民部门发钱，然后再由居民部门扩大消费支出，由此带来的支出乘数效应是 $a/(1-a)$。举例而言，如果居民的边际消费倾向是 0.5，地方政府的配套支出是 1∶1，中央政府增加 1 单位投资的支出乘数效应是 4 倍；中央政府将 1 单位收入给予私人部门带来的支出乘数效应是 1 倍。

这个乘数的估算只是初步演练，不能由此判断中央政府投资的乘数一定大于支持消费的乘数。如果政府第一轮的投资支出当中只形成了少数人的收入，而这些少数人获得收入以后只有很少的支出，这会降低财政投资的乘数效应。如果只有中央政府投资增加，没有地方政府配套的投资增加，这也会降低乘数效应。如果政府发钱更有针对性地增加了边际消费倾向较高的低收入群体的收入，则通过发钱带来的乘数效应会更大一些。

即便如此，这个测算还是提示我们，地方政府的配套支出会提高中央政府投资的乘数效应，较低的边际消费倾向会更大幅度地（从第一轮支出开始）压减支持消费的乘数效应。中央政府投资的乘数效应未必会低于发钱支持消费的乘数效应。

支持和扩大家庭消费的政策对扩大需求会有帮助，特别是从中长期来看，这应该是扩大内需的支柱。但若要短期内走出需求不足的负向螺旋循环，需要公共部门投资和公共部门信贷发挥引领作用。投资和信贷是快变量，私人部门的投资和信贷身处需求不足的负向螺旋循环当中，难以凭借自身力量逆转走势。有能力打破负向螺旋循环的是政府主导的公共部门投资和政府信贷增长。

二、中国有大量的公共投资空间

近年来，我国在电力和燃气、铁路、公路、机场、港口码头等基础设施方面有大量投资，取得了长足进步，很多领域已经接近发达国家水平甚至超过了发达国家水平。但是在教育、文化、体育、地下管网、城市道路、保障性住房建设等直接服务民生的公共领域的投资还有很大差距。比如我国百万人平均拥有的图书馆、博物馆、体育场地、城市人均道路长度等远远落后于发达国家水平。截至目前，我国有 1.1 亿外出打工农民工难以在工作地安居，当地缺少相应的保障性住房以及各种教育和医疗配套服务，这背后有大量的公共投资缺口。

以提升城市生活品质和外出打工农民工在工作地全家安居为

目标，我和同事粗略估算了未来 5 年所需要的公共投资规模，包括保障房建设、旧房改造、城市道路、轨道交通、地下网管、博物馆、图书馆、体育场馆，以及教育和医疗服务配套等方面的建设，所需规模超过 30 万亿元。

这只是对未来所需公共投资部分内容的估计，仅凭这些公共投资还远不足以拉平中国和发达国家的水平。

政府增加公共投资，特别是在需求不足环境下增加公共投资一举多得：一是提高非政府部门的收入和盈利，为其他部门带来正面的外溢效应，帮助经济走出总需求不足局面；二是创造更多的就业机会，提高资本利用率，避免资源的闲置浪费；三是设计合理的公共投资项目可以提升公共利益，为生产赋能，为生活增添便利和保障。

我们对未来 5 年城市建设相关的公共投资空间做了测算。

（一）存量提升的公共投资空间

存量提升的公共投资，主要是针对当前已经在城市工作和生活的人群，提升相关公共设施和公共服务水平，提升其在城市的生活品质和工作效率。

1. 保障房建设：资金需求 4—6 万亿元

住房是居民生活的基本保障之一，从全国平均水平看，我国城镇居民人均住房面积达到一些发达国家 70% 的水平。发达国家中，人均住房面积最高的国家是美国（接近 70 平方米），德国、法国和英国的人均住房面积均在 40 平方米左右，日本的人均住房面积只有 22.8 平方米。根据公开数据，目前我国城镇居民人均住房建筑面积为 40 平方米左右，折算成使用面积，大概是 30

平方米，相当于欧洲发达国家 70%的水平、显著高于日本。

我国住房在空间分布上存在严重不均衡，一线城市住房明显短缺、居住用地供应明显不足。据 2020 年人口普查数据和 CF40 的计算，一线城市的人均住房面积只有 29 平方米，显著低于其他城市 40 平方米左右的水平。一线城市的人均居住用地面积较其他城市的差距则更大，只有 17 平方米；二线城市人均居住用地面积 30 平方米，也偏低，三线和其他城市有 40 平方米。一线城市居民较其他城市住得更挤；同时，居住用地供应不足、住房容积率过高，居住质量也较其他城市更低。二线城市的居住质量也有提升空间。

如果未来 5 年住房的空间分布更加均衡，一、二线城市的人均住房面积达到目前的全国平均水平，且其中一半的增量住房由保障房提供的话，那么未来 5 年一、二线城市将分别有 3.4 亿平方米和 0.9 亿平方米的保障房建设需求，合计将产生 4—6 万亿元的保障房建设投资需求。

（1）一、二线城市合计需增加保障房居住用地 1.4 亿平方米，产生约 5000 亿元的土地开发整理成本。一、二线城市保障房建设需求合计 4.3 亿平方米，保障房容积率可以设定在偏高水平（3.0 左右），需要增加居住用地约 1.2 亿平方米。若增加的居住用地完全来自扩展城市建成区面积，则增加保障房用地的结果仅仅是让一线城市当前建成区占市区面积的比例从 15.7%提高至 16.1%，这是完全可以实现的增量土地供应，这对二线城市建成区占市区面积比例的影响也是微乎其微。考虑到土地一级开发的成本约 3000—4000 元/平方米，一、二线城市增加保障住房用地将产生约 5000 亿元的土地开发整理成本。

（2）取得土地使用权的成本约 1.8—3.7 万亿元。据 Wind 数据，2023 年一、二线城市住宅用地出让均价分别为 6 万元 / 平方米、1.5 万元 / 平方米。保障性住房具有保民生的政策属性，其土地出让价格可以有较大幅度降低。若出让价格按照市场均价的 50% 计算，则一、二线城市建造保障房需要的土地出让成本约 3.7 万亿元；若出让价格按照市场均价的 25% 计算，则需要 1.8 万亿元。

（3）一、二线城市保障房建造成本合计约 1.8 万亿元（住房建造成本约 4100 元 / 平方米）。

2. 城市住房更新改造：资金需求 2.4 万亿元

2020 年，《国务院办公厅关于全面推进城镇老旧小区改造工作的指导意见》（以下简称《意见》）明确了全国城镇老旧小区改造的行动方向。《意见》要求，重点改造 2000 年年底前建成的老旧小区。根据第七次人口普查的数据显示，2000 年前建成房屋的总面积约为 16 亿平方米，2000 年前绝大部分住宅建于 1990—1999 年间，此期间建成面积约 10 亿平方米。

公开资料显示，旧房改造翻新费用大概在 500—1500 元 / 平方米，具体费用会受翻新项目、翻新模式、材料工艺等多种因素影响。若按照较高标准改造翻新费用为 1500 元 / 平方米，则对 16 亿平方米 2000 年前建成住宅翻新，需要约 2.4 万亿元。

3. 提高人均城市市内道路水平：资金需求 3.7 万亿元

我国的城市道路建设长期处于增长态势，截至 2023 年，全国城市道路长度达到 56.4 万公里，是 20 年前的近 3 倍。全国人均城市道路长度有约 1 米（人口为全国城区人口，不同类型城市道路长度根据公布的城市道路面积和全国城市道路平均宽度计算），其中一线城市人均只有 0.6 米、二线城市只有 0.8 米，远低于国际水平。日本全国人均城市道路长度高达 9 米 / 人，即使是在人口稠密的东京，人均城市道路长度也有 1.7 米 / 人，是我国一线城市的近 3 倍。美国的人均城市道路长度则更高，达到约25 米 / 人。

我国城市道路建设的另一个问题在于道路过宽，不利于增加路网密度、提高交通效率。根据道路面积和道路长度，可以推算出我国的平均城市道路宽度已经达到近 20 米，基本是双向四车道的道路宽度。这使得我国大中城市的基本景象是：道路宽阔，但路网密度很低，行人常要通过天桥、地下通道，车辆绕行概率很大，交通效率不高。而东京等国际上其他城市的平均道路宽度在 10 米以内，路网更加密集，交通效率更高。

未来 5 年，即使不对标发达国家的平均水平，只对标人口稠密的东京的话，若将全国地级以上城市的人均道路长度提高至东京的 70%，合计也将有近 15 万公里的增量城市道路建设需求，需新增投资约 3.7 万亿元。东京人均道路长度的 70% 即 1.2 米 / 人，这要求一、二、三线和其他城市分别增加城市道路 4.8、7.4、0.3、2.3 万公里。并且，增加的城市道路不宜过宽，应注重构建城市交通的"毛细血管"，提高路网密度和交通效率。目前城市道路的建设成本约 2500 万元 / 公里，城市增量道路合计需要约 3.7 万亿元的投资。

4. 提高一线城市人均轨道交通水平：资金需求 7500 亿

在国内已建成轨道交通的 30 余个城市中，部分城市的人均轨道交通长度已经达到或者超过东京都市圈的水平。但北京、上海、深圳、广州的人均轨道长度仍较东京都市圈有较大差距。如果四个一线城市的人均轨道交通长度在未来 5 年达到东京都市圈的 70%（470 米 / 万人），则合计需建设约 750 公里的轨道交通，需要 7500 亿元投资（每公里约 10 亿元）。

5.地下管网升级改造：资金需求 4 万亿元

地下管网在现代城市中具有至关重要的作用，包括供水、排水、电力、通信等系统。有效的地下管网可以提高城市的安全性、便捷性和可持续发展的能力，减少自然灾害或人为事故的风险。随着城市化进程加速，地下管网的建设与维护显得尤为重要。

根据可得数据，从存量排水管道的规模看，我国地级以上城市人均排水管道长度 1.5 米，与其他国家差异不大，不同城市间也无显著差异。

但地下管网的投资增量在于更新改造，原有管网系统日渐老化，存在漏水、爆管等问题，影响居民生活质量和城市安全。改造工程有助于提升供水、排水、供电等系统的效率，减少资源浪费和环境污染，保障公共安全。此外，随着气候变化带来的极端天气增多，升级地下管网能够增强城市的抗灾能力，促进可持续发展，推动智慧城市建设，提升城市的宜居性和竞争力。2024 年 10 月 8 日，国家发展改革委表示，未来 5 年地方管网建设改造预计达到总量 60 万公里，总投资需求 4 万亿元。

6.博物馆、图书馆：资金需求约 2.6 万亿

（1）博物馆

根据联合国教科文组织报告于 2021 年 4 月发布的全球博物馆报告，全球估计共有 10.4 万家博物馆。报告显示，美国每百万人拥有博物馆数量约为 101 个，德国约为 81 个，法国为 72

个，而中国每百万人拥有博物馆数量仅有 4 个。与典型发达国家相比，中国的人均博物馆数量仍处于较低水平。

如果中国每百万人拥有博物馆数量要达到典型发达国家平均水平的 70%，即每百万人拥有 43 个博物馆，以中国地级以上城市 4.8 亿城区常住人口计算，需要新增博物馆的数量为 1.9 万个。如果按照每个博物馆平均造价 1 亿元计算，所需资金总额约 1.9 万亿元。

（2）图书馆

图书馆的建设和扩充是城市文化发展的重要组成部分。根据可得数据，从人均公共图书馆数量来看，中国人均图书馆数量远不及发达国家水平。中国每百万人拥有的公共图书馆数量为 2 个，相比较下，美国每百万人拥有的公共图书馆数量为 27 个，日本为 26 个，英国为 56 个，德国为 111 个。若中国每百万人拥有的公共图书馆数量达到日本 60% 的水平，即每百万人拥有的图书馆数量上涨至 16 个，以中国目前城区常住人口约 47526 万人口计算，中国需新增公共图书馆 6654 个。假设新建一个图书馆造价约为 1 亿元，则需要约 0.7 万亿元的资金。

7.体育馆：资金需求约 4.3 万亿元

我国的人均体育场馆用地与发达国家相比还有很大差距。具体来说，美国的人均体育场馆用地达到 19 平方米，日本人均体育场馆用地为 16 平方米；而中国的人均体育场馆用地仅为 2.6 平方米。

如果以发达国家的人均体育场馆用地为标准，中国在体育设施建设方面还有很大的提升空间。假设体育场馆的建设成本为每平方米 3500 元，那么为了使中国的人均体育场馆面积翻一番，即从 2.6 平方米增加到 5.2 平方米，对于 4.8 亿地级以上城市城区常住人口来说，需要新增体育场馆建设支出约 4.3 万亿元。

（二）增量的公共投资空间

增量的公共投资空间，是指城市流动人口在工作地全家团聚，安居生活，由此增加的城市人口所需的公共投资增量。

1. 城市流动人口市民化将给 70 个大中城市带来约 3300 万的人口增量

目前我国真正意义上的流动人口是地级以上城市的 1.1 亿流动人口，其中有近 1 亿人集中在 70 个大中城市（一、二、三线城市）。这些流动人口面临的基本困境是：工作地是常居地，但家庭并不在常居地，一家人分散在多个地区。城市流动人口市民化的最终结果，应该是流动人口的家庭成员随迁至常居地，在常居地无障碍地入学受教育、就医、享受基本公共服务。

城市流动人口市民化必然伴随人口随迁产生城市人口增加。

我们以教育为切入点估算，存量城市流动人口市民化，会给 70 个大中城市带来约 3300 万人口增量。流动人口的问题集中体现在教育方面，因城市的义务教育常与户籍挂钩，流动人口的子女不随迁、上学困难。以一线城市为例，每 100 个户籍人口中的小学生数量是 10.8 人，每 100 个常住人口中的小学生数量只有 5.8 人，这是因为大多数无户籍的流动人口子女不能入学。而在落户限制基本放开的其他城市（70 个大中城市以外的城市），其每 100 个常住人口的小学生数量与每 100 个户籍人口的小学生数量差别不大。

如果将未来 5 年内，一、二、三线城市流动人口市民化的对标情形设定为 70 个大中城市以外其他城市的情形：每万常住人口的中小学生数量与每万户籍人口的中小学生数量差别不大（比例约 0.9∶1）。这时，同样以一线城市为例：一线城市每 100 个常住人口的中、小学生数量应达到 5.5 人、9.6 人，意味着一线城市需增加 448 万中小学生（随迁进入）。假定每一名中小学生对应两名其他家庭成员（祖父母等），则作为未成年人的中小学生随迁进入后，一线城市还将有另外 896 万人迁入，合计 1300 余万人。在同样的测算逻辑下可得，存量流动人口市民化将给一、二、三线城市分别带来 1300 余万、1800 余万和近 200 万的增量人口，合计约 3300 万人。这将使一、二、三线城市人口增长约 10%。

2. 增加的大中城市人口将催生公共投资需求约 7.5 万亿

随着流动人口市民化推进，如果所有存量流动人口的家庭随迁进入，实际意义上的流动人口将不复存在。结果是一、二、三线城市的常住人口增加了 3300 万人。为给这些增量人口提供均等的公共设施和服务，相关建设和资金供应必须予以匹配。

以保障房为例，假设随迁人口的人均住房面积为 10 平方米（假设家庭未随迁前，住 40 平方米住房，随迁 3 人后，全家住 70 平方米住房）、70%住房增量由保障房提供，保障房土地出让成本按市场价的 50%计算，则一、二、三线合计需增加 2.4 亿平方米保障房以满足随迁人口需求，合计资金需求 2.5 万亿元。

同样地，一、二、三线合计需增加 4 万公里城市道路，资金需求 1 万亿；一线城市需增加超 600 公里的轨道交通，资金需求约 6000 亿元；一、二、三线合计需增加 4.6 万公里地下管道，资金需求 2.5 万亿元；需要新增约 1400 个博物馆，资金需求约

1400 亿元；需要新增 524 个图书馆，资金需求约 524 亿元；需要新增体育场馆面积约 17160 万平方米，资金需求约 6113 亿元。

以上合计，当一、二、三线城市的存量流动人口市民化、以家庭为单位生活在这些城市后，由此产生的新增城市建设和公共服务的资金需求约 7.5 万亿元。

三、增加公共投资不会威胁政府债务可持续性

扩大公共投资面临着诸多担心和疑虑。比较突出的担心和疑虑是加剧产能过剩、政府（隐性）债务风险等。我们不必对产能过剩过分担忧，因为公共投资主要是公益和准公益类的投资，很少涉及制造业，新增公共投资更多是对其他行业的赋能，并不会直接增长新的产能。关于政府债务风险担忧，根据我们的分析，基本结论是当前中国政府部门有充分的举债空间，但在举债的融资工具和投资布局方面需要做出调整。

长期以来，我国政府预算内资金对公共投资的直接支持力度过低，城投平台融资是公共投资的最主要资金来源。对于未来 5 年 31 万亿元增量公共投资的资金来源，应该坚持开大前门，堵住后门，根据投资项目的公益属性、惠及范围是当地还是全国，确定合理的融资来源。公共项目投资不应该以谋求商业回报率为评价标准，更应该看重其公益性质。

对于主要惠及地方、没有现金流回报的投资项目，应纳入地方政府预算，由地方政府融资。未来 5 年，平均每年可额外增加 3—4 万亿元地方政府债务限额用于各地城市建设和公共服务升级。对于主要惠及地方、有少量现金流回报的投资项目，由地

方政府引入政策性金融机构资金和市场化资金，通过贷款、发行债券、REITS[4]等多种形式融资，地方政府通过财政贴息和减免税收的方式予以补贴。对于惠及全国、没有现金流回报的投资项目，应纳入中央政府预算，由中央政府发行国债融资。对于惠及全国、有少量现金流回报的投资项目，由中央政府引入政策性金融机构资金和市场化资金，通过贷款、发行债券、REITS等多种形式融资，中央政府通过财政贴息和减免税收的方式予以补贴。

需求不足环境下，政府增加公共投资会带来政府债务的提升，但并不会增加政府债务风险，不会威胁到政府债务的可持续性。一是因为政府在增加公共债务和公共投资的同时，也因为帮助经济走出负向循环，提高了政府的税收和诸如土地销售收入、国有企业资产增值等方面的收入，提高了政府偿债能力。二是即便政府公共投资没有带来政府收入提高，考虑到中国的真实利率远低于经济增长速度，且这种局面会长期持续，因此，即便近期政府债务有显著上升，但是债务率还是会逐渐控制在一个水平，而不是发散地增加，不会威胁政府债务的可持续性。

反过来看，面临需求不足的挑战，如果政府没有足够地扩大举债和增加公共投资，经济有可能持续陷入需求不足困境，政府总体收入下降，部分地区的政府收入下降会非常突出，各种分散的地方政府隐性的债务[5]风险反而会难以控制。

注释：

【1】**以旧换新**：中国推出的促消费措施，旨在通过财政补贴等政策工具，拉动内需。具体补贴范围和标准因地区和产品而异，通常涵盖家电、汽车等多个领域。

【2】乘数效应：Multiplier Effect，是一种宏观的经济效应，也是一种宏观经济控制手段，指经济活动中某一变量的增减所引起的经济总量变化的连锁反应程度。

【3】边际消费倾向：消费增减量与可支配收入增减量之比值，表示每增加或减少一个单位的可支配收入时，消费的变动情况，反映了消费者对收入变化的敏感度。

【4】REITS：房地产投资信托，Real Estate Investment Trusts，是一种通过集合投资者资金投资于房地产或相关资产的金融工具。它允许投资者以较低成本参与房地产市场的投资，并享受租金收入和资产增值的收益。

【5】地方政府隐性债务：指地方政府在法定债务预算之外，直接或间接以财政资金偿还，以及违法提供担保等方式举借的债务。隐性债务多以地方国有企事业单位等替政府举债，在设立政府投资基金、开展政府和社会资本合作、政府购买服务等过程中，以约定回购投资本金、承诺保底收益等形式出现。

后 记

改革开放以来，中国经济实现了举世瞩目的高速增长，成功从一个低收入国家转变为世界第二大经济体。然而，近年来中国经济增速出现了阶段性放缓。

在"十四五"规划收官与"十五五"规划谋篇布局的关键节点，能否对中国经济奇迹的来源、增速回落的原因以及未来发展的前景作出让人信服的解释，不仅具有重要的经济学理论价值，也具有重要的现实指导意义。

《中国经济周刊》邀请当代 12 位经济学界翘楚，为复杂的经济活动梳理出清晰的发展脉络：从对外开放的新特征与新任务，到央地财政关系改革；从拉动内需扩大消费，到政府与市场关系……每一个话题都紧扣时代脉搏，每一篇分析都直指问题核心。

展望未来中国经济，我们需要更多有质量的深度思考。

感谢 12 位接受采访的经济学家，他们以睿智的洞察为我们提供了思想盛宴。

本书还饱含《中国经济周刊》采编团队的心血，记者孙冰、王红茹、谢玮、孙庭阳、侯隽、郑雪、牛朝阁，以及编辑姚坤、杨琳、郭霁瑶、孙晓萌，美编孟凡婷等为此付出了很多精力。

　　作为人民日报社主管主办的政经类期刊,《中国经济周刊》肩负着解读中央经济政策、讲好中国经济故事、传播中国发展理念的重任。希望本书的出版,能为更多关心中国经济发展、参与中国经济建设的读者,提供解码中国经济的独特视角,增强对中国经济的发展信心和底气。

　　是为记。

《中国经济周刊》

2025 年 4 月